멋진 인생을 위해

# 오십부터 해야 할 것들

– 멋진 인생을 위해 –
오십부터
해야 할 것들

**1쇄 발행일** 2024년 3월 20일
**7쇄 발행일** 2025년 1월 6일

**지은이** 김옥림
**펴낸이** 김순일
**펴낸곳** 미래문화사
**신고번호** 제2014-000151호
**신고일자** 1976년 10월 19일
**주소** 경기도 고양시 덕양구 삼송로 222, 현대헤리엇 업무시설동(101동) 301호
**전화** 02-715-4507 / 713-6647
**팩스** 02-713-4805
**이메일** mirae715@hanmail.net
**홈페이지** www.miraepub.co.kr
**블로그** blog.naver.com/miraepub



ISBN 978-89-7299-566-1 (03190)

멋진 인생을 위해

# 오십부터 해야 할 것들

김옥림 지음

미래문화사
MIRAE

프롤로그

# 아직 오지 않은 인생 최고의 순간을 위하여

인생은 크게 전반기와 후반기로 나눌 수 있다. 인간의 평균수명을 80으로 볼 때, 마흔을 전후해 마흔 전은 인생의 전반기, 마흔 이후는 인생의 후반기라고 할 수 있다. 인생의 전반기는 대학을 마치고, 직장에 취업을 하고, 결혼하여 아이를 낳아 기르며 본격인생을 시작하는 시기이자 자리를 잡아가는 시기이다. 남자의 경우는 직장에 자리를 잡으며 중견사원의 자리에 이르고, 여자의 경우는 아내로서 어머니로서 분주하게 지내는 시기이다.

마흔을 넘어가면서는 인생의 후반기에 접어드는 시기로 마흔에서 쉰 살까지는 인생 후반기 1기라고 볼 수 있으며, 쉰하나부터 예순까지는 인생 후반기 2기라고 볼 수 있다. 예순 이후는 인생 후반기 3기라고 볼 수 있다. 물론 이는 어디까지나 작가의 관점에서 구분지어 본 것이다.

인생 후반기 1기 때에는 남자의 경우 직장에서 관리직의 위치에 올라 안정적인 생활을 하는 시기이다. 여자의 경우는 자녀들이 고등학교에 다니거나 대학에 들어가는 시기여서 남편보다는 자녀들에게 관심이 집중되는 시기이다. 인생 후반기 2기 때에는 우리나라의 경우 남자는 대개 쉰다섯을 전후해 명예퇴직을 하거나 이런저런 구실에 떠밀려 직장을 나온다. 여자의 경우는 자녀가 대학을 마치고 직장에 취업하거나 결혼을 하는 데 있어 뒷바라지에 집중을 하는 시기이다.

남자의 경우는 한창 일할 나이에 직장에서 나오다 보니 딱히 할 일이 없다. 재취업도 생각처럼 여의치 않고, 한창 일할 때에 집에 있자니 마음도 편치 않다. 자연히 이러다 보니 퇴직금을 털어 자영업에 뛰어들지만 그 또한 치열한 경쟁으로 인해 열에 여덟은 실패한다고 한다. 그러다 보니 대리운전에 뛰어들고, 택시를 몰고, 일용직에 뛰어들기도 한다. 그러나 개중에는 자신의 경험을 살려 철저히 준비한 끝에 성공하는 경우도 있다. 또 어떤 이는 자신이 하고 싶은 일에 도전하여 성공의 깃발을 휘날리기도 한다. 이런 사람들은 긍정적이고 적극적인 마인드로 무장하고, 철저하게 계획을 세워 인생 후반기를 새로운 도전의 기회로 삼은 끝에 성공한 것이다.

이 글을 쓰면서 새삼 다시 느낀 점은 인생을 성공적으로 살았던 사람들이나 살고 있는 사람들은, 젊은 시절에 실패를 거듭하면서도 포기를 몰랐다는 것이다. 민주주의의 참된 정신을 몸소 실천하여 세계정치사에 영원히 이름을 남긴 에이브러햄 링컨의 젊은 날은 실패의 연속이었다. 그러던 그가 52세 때 미국 제16대 대통령에 당선되어, 국민에게 존경받는 최고의 대통령이 되었다. 또한 영국의 수상을 두 번이나 지냈으며 역대 수상 중 최고의 수상으로 평가받는 벤저민 디즈레일리 역시 실패를 밥 먹듯 하였지만 자신의 꿈을 이루었다. 또 영국 왕립음악아카데미의 음악감독으로, 음악가로서는 부와 명성으로 최고의 영예를 누렸던 프리드리히 헨델은 화려했던 젊은 날에서 가난하고 초라한 인생으로 전락했지만, 그는 실명의 위기에서도 〈메시아〉를 작곡하여 세계음악사에 길이 남는 바로크 음악의 거장이 되었다. 〈메시아〉를 작곡할 당시 그의 나이는 56세였다. 실패를 하지는 않았지만 인생 후반기에 자신의 인생을 멋지게 꽃피운 사람들도 많다.

미국의 국민화가로 불리는 안나 메리 로버트슨(그랜마 모제스)은 지극히 평범한 농촌 여성으로, 72세에 그림을 그리기 시작해 세상을 떠날 때까지 무려 1,600여 점의 작품을 남겼다. 이런 공을 인정받아 그랜마 모제스는 1941년 뉴욕 주에서 메달을 받았고, 1949년에는 트루먼 대통령으로부터 여성프레스클럽 상을 수상하였다.

오스트리아 출신으로 현대경영학의 창시자로 평가받는 미국의 피터 드러커는 75세의 늦은 나이에 정년을 맞아 《자본주의 이후의 세계》, 《방관자의 모험》 등 100여 권이 넘는 책을 집필하였다. 그는 자신의 생애 96년을 회고하면서 "60세 이후 30여 년 동안이 내 인생의 황금기였다."고 말했다.

독일의 최고 시인이자 작가인 괴테의 역작인 《파우스트》는 그의 나이 23세 때 쓰기 시작해 무려 59년이나 걸렸다. 그의 나이 82세 때 탈고를 했으니 그 긴 세월 동안 그는 작품을 쓰는 데 푹 빠져 지냈음을 알 수 있다. 그랬기에 그가 쓴 《파우스트》는 불후의 명작으로 평가받고 있다.

한국인 최초로 유럽 무대에 선 메조소프라노 김청자. 그녀는 은퇴 후 자신의 전 재산을 정리하여 아프리카 말라위에 루수빌로 뮤직

센터를 설립하였다. 그녀는 이곳에서 가난한 아이들과 주민들에게 음악을 가르치며 행복을 심어주고 있다.

"삶의 주인공이 되어라. 영원히 이어지는 눈길 위에 발자국을 남겨라. 칠흑 같은 어둠의 장막을 뚫고 환한 밝음으로 가는 길을 개척하라."

이는 미국의 작가 파크 벤저민이 한 말로 인생의 주인공이 되기 위해서는 어둠의 장막, 즉 그 어떤 고통과 시련을 뚫고서라도 끝까지 그 길을 걸어가야 한다는 것을 의미한다. 대개의 사람들은 직장에서 은퇴하면 인생이 다 끝난 것처럼 생각하는 경향이 있다. 그러나 그것은 크게 잘못된 생각이다. 인생 후반기가 기다리고 있다고 생각해야 한다. 그리고 인생 전반기의 노하우를 살리거나 또는 자신이 지닌 능력으로 새로운 인생을 위해 힘차게 나아가야 한다. 다시 말해 '인생 최고의 순간은 지금부터다'라는 굳은 각오로, '아직도 내 인생은 끝나지 않았다'라고 생각하고 에너지 넘치는 창의적인 삶을 살아야 한다.

이 책은, 아직 오지 않은 인생 최고의 순간을 위해 어떻게 맞아야 할지에 대해 씌어졌다. 이 책을 읽고 이 책에 나와 있는 인생의 매뉴얼대로 실행한다면, 분명 지금과는 다른 나로 살아가게 될 것이다. 이 책을 쓴 작가로서의 바람은 이 책을 읽는 모든 분들이 자신이 추구하는 삶을 멋지게 살아가기를 기원하며, 자신의 인생에 주인공이 되길 바란다.

김옥림

•Contents•



## chapter 1

## 나를 넘어 의미 있는 나로 살아가기

## chapter 2

# 정신적인 풍요를 위해 지적인 즐거움 갖기



## chapter 3

# 후회하지 않는 오늘의 내가 되기

chapter 4

## 한 번뿐인 인생 끝까지 잘 살아가기

chapter 5

## 젊고 생동감 있게 삶을 리모델링하기

chapter 1

# 나를 넘어 의미 있는 나로 살아가기

# 몸은 늙어가도 가슴은 뛰게 하라

젊음의 에너지가 푸른 강물처럼 출렁일 때는 심장이 뜨겁게 끓어오른다. 뜨거운 가슴을 주체하지 못해 가슴을 토닥이며 쓸어내린 경험을 누구나 갖고 있을 것이다. 그런데 가슴이 뜨거워지는 정도가 나이가 들어감에 따라 달라진다. 물론 심장의 박동 수에는 아무런 변화가 없지만, 나이가 들어감으로써 생기는 마음의 변화에 따른 것이다. 푸른 에너지가 끓어오를 땐 그 어떤 것도 다 해낼 듯한 기운으로 가득 차 있다. 젊다는 것은 그만큼 가슴이 뜨겁다는 것이다. 뜨거운 가슴에서 용기도 나오고, 자신감도 용솟음치고, 두려운 마음도 발을 들여놓지 못하게 된다. 하지만 나이가 들어갈수록 끓어오르던 용기도, 자신감도 사라지고, 두려운 마음에 서서히 물들게 된다. 끓어오르던 푸른 에너지가 떠나갔기 때문이다.

그러나 아무리 나이가 들어도 가슴을 뛰게 하면 푸른 에너지가 다시 끓어오를 수 있다. 가슴 뛰는 삶이 그 사람을 청춘의 가슴으로 변화시키기 때문이다.

가슴이 뛴다는 것은 내게 아직도 푸른 에너지가 남아 있다는 것이며, 그 어떤 것도 충분히 해낼 수 있다는 반증이다. 지금 당신의 가슴을 확인해보라. 푸른 에너지로 끓어오르는지를.

## ‖푸른 에너지가 가슴을 뛰게 한다‖

똑같이 주어진 시간을 살아도 어떤 사람은 그 시간을 두 배, 세 배로 사는 데 비해 어떤 사람은 주어진 시간도 제대로 쓰지 못하고 무의미하게 흘려보낸다. 똑같은 시간을 두 배, 세 배로 쓰는 사람의 가슴은 푸른 에너지로 가득 넘쳐흐르지만, 주어진 시간도 쓰지 못하는 사람은 푸른 에너지가 고갈되어 있기 때문이다. 자신에게 주어진 시간을 잘 활용함으로써 인생 후반부의 자신을 잘 살아가기 위해서는, 자신의 가슴을 푸른 에너지로 가득 채울 수 있도록 해야 한다. 그러기 위해서는 끝까지 자신의 인생을 위해 헌신해야 한다. 자신의 인생에 헌신하지 않으면서 어떻게 행복하고, 잘되기를 바랄 수 있겠는가. 자신의 인생에 헌신하는 사람만이 후반부의 인생을 가치 있게 살아가게 된다. 이에 대해 미국의 풋볼 감독인 빈스 롬바르디Vince Lombardi는 다음과 같이 말했다.

"일단 하나의 인생길에 헌신하기로 결심을 하면 세상에서 가장 강력한 힘의 후원을 받는 셈이다. 우리는 그것을 '마음의 힘'이라고 부른다. 일단 이와 같은 헌신을 하면 그 무엇도 성공에 이르는 것을 막을 수 없다."

그렇다. 롬바르디의 말처럼 자신의 인생에 헌신할 때 남은 후반부의 인생을 값지게 살아갈 수 있다.

〈티파니에서 아침을〉, 〈전쟁과 평화〉, 〈로마의 휴일〉 등 수많은 영화에서 열연을 펼치며 세기의 연인으로 사랑받은 오드리 헵번 Audrey Hepburn. 그녀는 벨기에 출생의 영국 배우로 깜찍하고 귀여운 미모에 매혹적인 눈과 그녀만의 허스키한 목소리, 그리고 백합화를 닮은 청순하고도 가녀린 이미지는 많은 팬들에게 깊은 인상을 주어 그 어떤 여배우에도 뒤지지 않는 큰 사랑을 받았다. 그녀의 이미지는 너무 강해 지금도 깊이 각인되어 있다. 그녀는 〈티파니에서 아침을〉을 통해 유명해졌으며 〈로마의 휴일〉에서의 열연으로 아카데미 여우주연상을 수상하였다. 이외에도 골든글로브상, 에미상, 그래미상을 수상하였다.

그녀는 1999년 미국영화연구소가 선정한 '지난 100년 동안 가장 위대한 인물 100명의 스타' 여성배우 목록에서 3위에 오르기도 했다. 오드리 헵번의 삶이 아름답고 고귀한 것은 그녀가 영화배우로서 이룬 업적 때문만은 아니다. 그녀가 영화배우라는 직업을 내려놓고 나서 행한 행보에 있다. 그녀는 유니세프 홍보대사로 활동하며 아프리카, 아시아, 남미 등지에서 굶주린 어린이들을 위해 자신의 후반부 인생을 바쳤다. 더구나 암에 걸린 상황에서도 그녀는 헌신을 멈추지 않았고 자신의 목숨이 다할 때까지 자신의 인생에 헌신하였다. 그녀가 화려한 은막의 세기적인 배우로서 헐벗고 굶주린 어린이들을 위해 헌신할 수 있었던 것은 생명의 존엄성을 누구보다도 잘 알았기 때문이다. 만일 그렇지 않았다면 화려함에 물든 그녀가 최악의 환경 속에서, 그것도 암에 걸린 환자로서 그토록 헌신적으로 살지 못했을 것이다. 그녀가 많은 사람들에게 기억되고 존경받는 것은 세계 영화사에 두고두고 남을 명배우였기 때문이기도 하지만, 사랑과 헌신으로 봉사활동에 그녀의 마지막 인생을 아낌없이 바쳤기 때문이다.

"아름다운 입술을 갖고 싶으면 친절한 말을 하라. 사랑스런 눈을 갖고 싶으면 사람들에게서 좋은 점을 보아라. 날씬한 몸매를 갖고 싶으면 너의 음식을 배고픈 사람과 나누어라. 아름다운 머리카락을 갖고 싶으면 하루에 한 번 어린이가 손가락으로 너의 머리를 쓰다듬게 하라. 아름다운 자세를 갖고 싶다면 결코 너 혼자 걷고 있지 않음을 명심하라. 사람들은 상처로부터 복구되어야 하며, 낡은 것으로부터 새로워져야 하고, 병으로부터 회복되어져야 하고, 무지함으로부터 교화되어야 하며, 고통으로부터 구원받고 또 구원받아야 한다. 결코 누구도 버려서는 안 된다. 기억하라. 만약 도움의 손이 필요하다면 너의 팔 끝에 있는 손을 이용하면 된다. 네가 더 나이가 들면 손이 두 개라는 걸 발견하게 된다. 한 손은 너 자신을 돕는 손이고, 다른 한 손은 다른 사람을 돕는 손이다."

이는 오드리 헵번이 숨을 거두기 일 년 전 크리스마스이브에 아들에게 당부한 말이다. 타인을 생각하고 자신의 것을 아낌없이 나누는 그녀의 인도주의 정신이 잘 나타나 있다. 그녀는 이런 생각을 가졌기에 병에 걸려서도 자신의 목숨처럼 헌신을 할 수 있었던 것이다.

## ‖가슴이 뛰는 한 영원한 청춘이다‖

가슴이 푸른 에너지로 가득 차 있도록 해야 한다. 푸른 에너지가 있는 한 나이가 칠십이 되고, 팔십이 되고, 구십이 되고, 백세가 되어도 청춘의 마음으로 살아갈 수 있다. 그래서 푸른 에너지로 가슴이 가득 찬 이들은 가만히 있질 못한다. 자신이 무언가를 해야 한다고 끊임없이 생각하고 그것을 실행에 옮긴다. 실행을 하는 동안 그의 가슴은 더욱 뜨겁게 살아서 움직인다. 그리고 자신을 더욱 존중하고 사랑한다. 이런 마음이 들게 되면 자신의 인생에 끝까지 최선을 다한다, 그것이 자신의 인생에 대한 예의며 헌신인 것이다.

미국의 대표적인 경영학자인 피터 드러커가 은퇴 후 100여 권이 넘는 책을 썼다는 것은 자신을 사랑하고 헌신할 때만 가능하다. 왜

일까? 책을 쓰기란 그리 만만치 않은 까닭이다. 이는 드러커의 가슴이 뜨겁게 불타올랐기에 가능하다.

독일의 문호로 세계적인 작가이자 시인, 비평가로 평가받는 요한 볼프강 폰 괴테의 역작인 《파우스트》는 그의 나이 23살 때 쓰기 시작해 무려 59년이나 걸렸다. 그랬기에 그가 쓴 《파우스트》는 불후의 명작으로 평가받고 있다.

드러커나 괴테가 만년에 더 빛나는 업적을 이뤄낼 수 있었던 힘은 푸른 에너지를 가슴에 품고 가슴 뛰는 삶을 살았기 때문이다. 푸른 에너지를 가슴에 품고 살면 자신의 인생에 대해 함부로 하지 않는다. 끝까지 자신의 인생을 가치 있는 인생으로 살고 가치 있게 남기를 원한다.

우리 주변에 보면 나이 일흔이 넘어 수필가로 등단하는가 하면, 예순이 넘는 나이에도 재취업에 성공하고, 그림 그리기를 통해 화가가 되는가 하면 숲 해설가, 외국인을 위한 관광 가이드 등 갖가지 분야에서 자신의 후반부 인생을 알차게 살아가는 이들이 있다.

당신 또한 이들처럼 살아갈 수 있다. 단 자신의 인생에 헌신할 수 있는 의지로 푸른 에너지를 가슴 가득 품고 실행해야 한다. 그렇게 될 때 그 누구라도 지금과 다른 삶을 살게 될 것이다.

Tip

## 가슴을 뛰게 하는 좋은 생각

- 자신의 후반부 인생을 값지게 살아가는 사람들을 통해 자신에게 잘 맞는 것으로 벤치마킹하라.
- 어느 한순간도 가만히 있지 말라. 가만히 있는데 없는 에너지가 생기지 않는다. 자신의 가슴을 푸른 에너지로 가득 채워야 한다.
- 자신을 존중하고 축복하는 마음으로 살아야 한다. 그러면 자신을 위해 헌신하는 마음이 발동한다. 헌신하는 마음이 자신의 인생을 가치 있게 만드는 것이다.

# 내가 가진 재능과 능력을 공유하기

자신이 지닌 재능과 능력을 그대로 두면 원래 있던 그것뿐이지만, 재능과 능력을 여러 사람들과 공유하면 더 큰 재능과 능력으로 배가된다. 재능과 능력은 쓰면 쓸수록 더 가치를 발하는 인생의 다이아몬드이기 때문이다. 그런데 대개의 사람들은 그걸 잘 모르거나 알고 있어도 그렇게 하지 않는 경향이 있다. 그것은 매우 비생산적이며 무가치한 일이다. 한 사람의 재능은 그 재능을 잘 살린다면 자신뿐만 아니라 많은 사람들에게 유익을 가져다 준다. 한 사람의 좋은 재능을 단지 그 사람으로만 끝내서는 안 된다. 그 재능을 타인과 사회를 위해 아낌없이 공유해야 한다.

또한 한 사람이 자기만의 능력을 기르는 데는 많은 시간과 돈, 노력이 함께해야 한다. 그런데도 그 아까운 능력을 은퇴를 하거나 직장을 그만두면 썩히고 만다. 그것은 자신에게도 손실이며 국가적으로나 사회적으로 볼 때도 여간한 손해가 아닐 수 없다.

능력을 공유하기 위해서는 자신의 능력을 오픈시켜야 한다. 현대 사회는 많은 정보와 지식을 필요로 하므로 끊임없이 삶을 업데이트해야 한다. 그러기 때문에 자신이 지닌 능력을 오픈시켜 그 능력을 필요로 하는 사람들에게 능력을 전달함으로써 공유토록 한다면, 본인은 보람을 갖게 됨으로써 만족한 삶을 영위하게 된다.

인생이 자꾸만 뒷걸음쳐지는 나이라고 해서 기가 꺾여서는 안 된다. 오히려 기를 높여야 한다. 그렇게 될 때 인생 후반부의 삶을 잘 보내게 되어 행복함은 물론 자신의 인생에 대해 감사하게 된다.

## ‖내가 가진 재능과 능력은 나만의 것이 아니다‖

내가 가진 재능과 능력은 나만의 것이 아니다. 그것을 어떻게 관리하느냐에 따라 나의 인생은 지금과는 전혀 다른 길로 갈 수 있다. 재능을 묵히면 그것은 쓸모없는 것에 불과하다. 재능은 가꾸고 쓰라고 주어진 하나님의 선물이다. 그 소중한 선물을 묵힌다는 것은 스스로의 가치를 훼손시키는 것과 같다. 능력 역시 마찬가지다. 오랜 동안 시간을 들이고, 돈을 들이고, 노력을 들여 기른 능력을 쓰지 않고 방치한다면 그 또한 스스로의 가치를 떨어뜨리는 일이다. 재능과 능력을 필요로 하는 사람들과 공유한다면 스스로의 가치를 높임은 물론, 타인들에게도 깊은 감동을 주게 됨으로써 행복을 온몸으로 경험하게 될 것이다.

"너 자신을 누군가에게 필요한 존재로 만들어라."

이는 미국의 사상가이자 시인인 랠프 왈도 에머슨Ralph Waldo Emerson의 말이다. 에머슨의 말은 무슨 의미인가. 누군가에게 필요한 존재가 되라는 것이다. 필요한 존재가 되기 위해서는 스스로 자신을 돕듯 남을 도와야 한다. 재능과 능력을 타인들과 공유한다는 것은 바로 누군가에게 필요한 존재가 되는 것을 말한다. 나아가 에머슨은 말하기를, "너 자신을 최대한 활용하라. 왜냐하면 그것이 너에게 주어진 전부이기 때문이다."라고 했다. 이 말에서 보듯 자신을 최대한 활용하는 일 중 가장 손쉬우면서 바람직한 것이 바로 자신의 재능과 능력을 나누는 것이다.

정숙은 두 아이를 짝을 지어 내보내자 엄마로서의 도리를 다했다는 생각에 한동안 가슴 뿌듯하면서 홀가분했다. 부모로서 책임을 다했다는 것은 스스로 생각하기에도 고맙고 감사한 일이었다. 그녀는 스스로를 대견스러워했다. 그런데 문제가 생기기 시작했다. 어느 날 갑자기 자신의 역할이 사라진 것 같다는 생각에 우울해졌다. 아무것도 아닌 일에 공연히 울컥하기도 하고, 눈물을 흘리기도 했다. 그 모습을 우연히 목격한 후 서너 번의 같은 모습을 목격한 남편이 더 이상 지체하지 않고 말했다.

"당신, 요즘 얼굴이 많이 수척해진 것 같군."

"그렇게 보여요?"

"응."

정숙이 지나치듯 말했지만 남편은 그런 그녀의 표정을 놓치지 않았다.

"여보, 무슨 일 있어? 무슨 일인데 그렇게 우울한 모습을 하고있어?"

남편의 말에 갑자기 정숙의 눈에서는 눈물이 주르르 흘러내렸다. 그리고 잠시 후 그녀는 두 아이가 없다 보니 허전해서 마음이 공허하다고 말했다. 그녀의 말을 듣고 남편이 말했다.

"당신, 집에만 있지 말고 뭐라도 해봐. 배우고 싶은 걸 배우든지, 아니면 봉사활동이라도 하든지."

남편의 말에 그녀는 신경 써줘서 고맙다며 빙그레 웃었다.

며칠 후 정숙은 잡지를 보다 재능나누기에 대한 기사를 보고는 눈이 번쩍 띄었다. 사실 그녀는 3년 전에 신인문학상을 받으며 수필가로 등단하였다. 그녀는 자신 또한 자신이 가진 능력을 펼쳐보자고 마음먹고는 이리저리 알아보기 시작했다, 그러다 한 종교단체에서 운영하는 복지관을 알게 되었다. 그녀는 그곳에서 가정 형편이 어려운 아이들의 글쓰기 지도를 하기로 했다. 그녀는 일주일에 두 번 복지관에 가서 아이들에게 글쓰기를 가르쳤다. 처음 얼마간은 가르치는 일이 익숙지 않아 어색하기도 했지만 곧 자신의 방식대로 아이들을 가르치게 되었다. 그녀의 친절한 가르침에 아이들도 무척이나 좋아하고, 그녀를 잘 따랐다. 아이들의 변화하는 모습에 자신감을 얻은 그녀는 더욱 자신이 하는 일에 열정을 다했다.

그러자 우울해했던 모습은 어디로 사라지고 그녀의 얼굴엔 웃음이 가득 넘쳤다. 집에서나 밖에서나 그녀의 입은 언제나 웃음꽃이 피어났다. 그녀를 바라보는 남편의 기분도 덩달아 좋아졌다. 그녀가 자신의 재능이자 능력인 글쓰기를 아이들과 공유하자, 인생 후반기에 접어든 그녀의 삶은 보람과 기쁨으로 가득 넘쳐났다.

## ‖재능과 능력을 활짝 펼쳐나가기‖

사람은 누구나 자신만의 재능이 있거나 자신만의 능력이 있다. 다만 그것을 어쩌지 못하고 묵히는 꼴이다. 그러다 보니 재능과 능력을 두고도 자신은 아무것도 할 수 없는 사람이라고 자평하거나 단정 짓는다. 이는 매우 어리석은 일이다. 자신이 무엇을 하겠다는 의지만 갖는다면 얼마든지 지금과 다른 나로 살아갈 수 있다.

하지만 하루아침에 지금과 다른 나로 살아가기란 쉽지 않다. 그렇게 하기 위해서는 그에 맞는 노력이 따라야 한다. 그런데 그것이 곧 자신이 가진 재능과 능력을 살리는 일이라면 노력하기가 그리 어렵지만은 않다. 이미 자신에게 있는 재능이며 능력이니만큼 자신이 하고자 하는 강력한 의지만 있으면 된다. 그런데 문제는 주저하는 데 있다. 대개의 사람들은 '내 주제에 뭘 할 수 있을까?'부터 생각한다. 스스로를 부정하는 것은 스스로를 자율의 감옥에 가둬 버리는 것과 같다. 나이가 들어갈수록 자신의 정체성에 대해 확실해야 한다. 그렇지 않으면 지금의 자신에 대해 불평하게 되고 불만족스럽게 생각함으로써 자신을 불행한 사람으로 여기게 된다. 그렇게 되면 자신뿐만 아니라 옆에 있는 가족까지도 불행해질 수 있다.

"이 세상의 참다운 행복은 남에게서 받는 것이 아니라 내가 남에게 주는 것이다. 그것이 물질적인 것이든 정신적인 것이든 인간에게 있어서 가장 아름다운 행동이기 때문이다."

프랑스 작가인 아나톨 프랑스Anatole France의 말처럼 내가 가진 재능과 능력을 아낌없이 준다면, 자신을 그만큼 행복하게 만드는 것이다.

나이에 비해 젊게 사는 사람들은 타고난 건강 덕분도 있지만, 자신이 타인을 위해 무엇인가를 함으로써 만족감을 얻기 때문이다. 스스로에게 만족감을 얻는다는 것은 그만큼 자신을 행복하게 만들어 준다.

Tip

## 재능과 능력을 공유하는 좋은 생각

- 자신의 재능과 능력을 썩히지 말아야 한다. 그것은 스스로를 모독하는 행위이기 때문이다. 스스로를 모독하지 않기 위해서는 재능과 능력을 적극 활용하라.
- 지금 주변을 돌아보라. 자신의 도움을 필요로 하는 곳이 있는지를. 만일 있다면 자신의 재능과 능력을 아낌없이 기부하라.
- 물질을 위해 하는 일이 아닌 봉사 차원에서 자신의 재능과 능력을 사용한다면, 자기의 삶을 그만큼 가치 있는 인생으로 만들 수 있다.

# 인생 최고의 순간은 지금부터다

사람은 너나 할 것 없이 은퇴를 하면 자신은 이미 끝난 사람이라고 생각한다. 그저 하릴없이 밥이나 축내는 그렇고 그런 사람이라고 생각하며 스스로를 불쌍한 존재로 만들어버린다. 그래 놓고는 세상을 탓하고, 가는 세월을 원망한다. 우리나라 사람들의 평균 수명은 약 80세이다. 이는 세계적으로 볼 때도 높은 수치이다. 그런데 우리나라 직장인들의 평균 퇴직 나이는 약 55세라고 한다. 그러니까 은퇴 후 약 25년을 직장 없이 살아야 한다. 이 긴 시간 동안을 별로 할 일이 없이 산다면 그것은 의미 없는 삶이 되고 말 것이다. 의미 없는 삶은 살아도 즐거운 삶이 아니다. 그냥 살아 있으니까 숨 쉬고 살아가는 것뿐이다. 이것처럼 안타까운 일이 어디 있을까. 그런데 안타깝다고만 한다고 해서 되는 일은 없다. 그것은 자신을 낭비하는 것에 불과하다. 자신을 낭비하는 삶에서 벗어나기 위해서는 적극적으로 자신을 살아야 한다. 사람들을 보면 자신에 대해 후회하는 사람은 언제나 후회를 하며 산다. 그런데 자신을 가치 있게 사는 사람들은 언제나 자신을 가치 있게 산다. 이것은 생각의 차이에서 오는 결과이다.

그렇다면 문제는 간단하다. 자신을 혁신적이고 생산적인 사람으로 만들면 된다. 그러기 위해서는 생각을 산뜻하게 하고, 자신이 무엇을 하면 지금과 다른 나로 살아갈 수 있는지를 생각해야 한다. 사람은 자신이 어떻게 하느냐에 따라 얼마든지 자신이 원하는 삶을 살아갈 수 있다. 그리고 인생의 최고의 순간은 지금부터라고 생각하고, 실행해 나간다면 충분히 행복한 결과를 만들어 낼 수 있다.

## ‖인생 최고의 순간은 아직 오지 않았다‖

대개의 사람들은 직장에서 은퇴하고 나면, 자기의 인생은 이제 다 끝났다고 생각하는 것 같다. 물론 개중에는 자신의 후반부 인생을 의미 있게 살기 위해 새롭게 자신의 인생을 펼쳐나가는 이들도 있다. 하지만 이처럼 적극적인 사람들은 극소수에 불과하다. 대개의 사람들 또한 자신의 마음 한구석에는 이런 마음을 갖고 있다. 하지만 그것을 실행에 옮길 엄두를 내지 못한다. 단지 생각에 그칠 뿐이다. 생각의 집에 머무르고 있는 '생각'을 이끌어 내기 위해서는 '내가 무엇을 할 수 있겠어? 그냥 이대로 살다 가지, 뭐.'라는 비생산적인 마음을 확 바꿔야 한다. 그렇지 않으면 절대 지금과 다른 나로 살아갈 수 없다. 자신의 비생산적인 생각을 바꾸기 위해서는 '내 인생 최고의 순간은 아직 오지 않았다'고 생각하라. 그리하면 자신의 비생산적인 생각을 바꿈으로써 새로운 나로 거듭날 수 있다.

미국의 국민화가로 불리는 안나 메리 로버트슨, 즉 그랜마 모제스(모제스 할머니)가 100세가 되던 해, 뉴욕시는 그녀를 기념하여 '모제스의 날'을 제정하였다.

그랜마 모제스가 이렇듯 미국 국민들에게 칭송받는 것은, 미술 정규교육도 받지 않은 그녀가 인생의 황혼기에 독학으로 그림공부를 시작해 그 누구보다도 열정적인 삶을 살았기 때문이다. 보통 사람들이라면 일흔이 넘으면 손주의 재롱이나 보며 지내는 것이 보통이지만, 그랜마 모제스는 끝없이 자신을 계발하며 삶의 위대성을 실천해 보였다.

그랜마 모제스는 미국 뉴욕 주의 작은 마을인 그리니치의 가난한 농가에서 태어났다. 가난한 형편에 형제가 10명이나 되다 보니 학교를 다니지 못했다. 그녀는 10대 때부터 이웃 농장에서 일을 하여 집안을 도왔다. 그러다 농부인 토머스 모제스와의 결혼으로 케임브리지로 갔다. 그녀는 농사일을 하며 힘들게 생활하였다. 하지만 농사만으로 살아가기에는 생활이 어려워 잼과 과자를 만들어 팔아야만 했다. 그랜마 모제스는 바쁜 가운데서도 틈틈이 뜨개질을 하고 수를 놓았다. 그녀의 삶은 한시도 여유가 없는 그야말로 일과의 전쟁이었다.

남편과 사별 후 그랜마 모제스는 형식에 구애받지 않고 그림을 그리기 시작했다. 그림이라고는 전혀 배운 적이 없지만 보는 대로, 생각하는 대로, 느끼는 대로 그림을 그렸다. 그런데 그녀의 그림에는 한 가지 특징이 있었다. 그림의 소재가 농촌이라는 것이다. 산과 들, 밭, 농장, 산 아래 마을, 농장의 사계, 추수하는 모습 등 사람들의 향수를 자극하는 그림이었다. 그녀의 그림은 세련되지 못하고 소박하고 순수했지만 그것이 오히려 그녀의 그림을 인정받게 했다. 그림 그리기에 빠진 그랜마 모제스는 너무도 행복했다. 그림을 그리는 동안은 모든 것을 잊고 그림에만 집중하였다, 그녀의 그림은 나날이 늘어만 갔다.

그러던 어느 날, 그녀의 운명을 바꾸는 결정적인 순간이 찾아왔다. 그랜마 모제스는 78세 때 케임브리지 전시회에 출품할 그림을 그리고 있었다. 그녀의 딸은 그림을 읍내 약국으로 가지고 갔고, 약사가 그림 몇 점을 약국에 걸어두었다. 그런데 우연히 들른 뉴욕 미술품 수집가인 루이스 J. 캘더의 눈에 띄게 되어 맨해튼 화랑가로 진출하게 되었다. 그것이 계기가 되어 첫 번째 전시회가 열렸다. 전시회는 대성공이었다. 이때 그녀의 나이 79세였다.

그 후 그녀의 그림은 뉴욕 화랑가에서 유명해지며 1939년에는 뉴욕 현대박물관에 전시되었다. 그리고 그녀의 그림은 유럽에 진출하여 파리미술관과 러시아 푸시킨미술관 등에 전시되어 명성을 날렸다.

그랜마 모제스의 그림이 사람들의 마음을 사로잡은 것은 고향에 대한 향수를 불러일으키는 서정성과 서경성에 있다. 서정성은 사람들의 마음을 움직이게 하는 '감성의 촉'이다. 또한 전원의 풍경은 사람들의 마음에 안정감을 불어넣어 주는 작용을 한다. 바로 이런 점이 그녀 그림의 최대의 장점이었다. 그랜마 모제스는 자신의 성공에 대해 묻는 사람들에게 말했다.

"돌아보면 인생은 하루 일거리와 같은 것이지요. 이제 나는 그 일을 다 마쳤고 또 만족합니다. 인생은 우리 자신이 만들어 가는 것입니다. 늘 그래 왔고 또 앞으로도 늘 그럴 겁니다."

그랜마 모제스의 말엔 긍정의 에너지와 창조정신으로 가득 차 있다. 그녀의 말대로 그녀는 가난을 극복하고, 배우지 못한 아쉬움도 극복하고, 자신의 인생을 멋지게 장식한 '꿈의 인생'의 주인공이 되었다. 그랜마 모제스가 자신의 인생을 획기적으로 변화시킬 수 있었던 것은 자신이 하고 싶은 일을 주저하지 않고 했기 때문이다. 그녀는 72세라는 적지 않은 나이에도 불구하고 자신이 좋아하는 그림에 열정을 쏟았다. 물론 무슨 상을 타기 위해서도 아니고, 그림을 팔기 위해서도 아니었다. 그저 자신이 하고 싶은 그림을 열심히 그렸을 뿐이다. 그런데 '하늘은 스스로 돕는 자를 돕는다'라는 말처럼, 우연히 미술수집가의 눈에 띄어 상상도 할 수 없는 결과를 낳게 된 것이다.

사람의 일은 알 수가 없다. 언제 어떻게 변화할지 모르는 게 인생이다. 그런데 가만히 있는 자에게는 그 어떤 변화도 오지 않는다. 자신을 지금보다 다르게 살기 위해 노력하는 자에게 삶은 '기쁨'을 선물한다. 그랜마 모제스가 72세가 넘어 인생 최고의 순간을 맞이한 것처럼 아직도 내 인생 최고의 순간을 오지 않았다고 생각하라.

## ‖인생 최고의 순간은 누구에게든지 온다‖

인생 최고의 순간을 맞이하는 아름답고 황홀한 결과는 일부 특정인들에게만 주어진 삶의 은총이 아니다. 그것은 누구에게나 오픈되어 있는 삶의 배려이다. 삶은 누구에게라도 은총을 베풀 준비가 되어 있다. 삶의 은총을 받고 안 받고는 오직 각 개개인의 문제이다. 삶의 은총을 받기 위해서는 삶에 대한 예의를 지켜야 한다. 자신의 인생에 대해 감사하고, 스스로를 존중하는 마음을 가져야 한다. 이런 마음을 갖게 되면 삶을 더욱 소중하게 생각하게 되고 함부로 살지 않게 된다.

그런데 하늘의 뜻을 안다는 '지천명'을 넘긴 사람들 중엔 자신을 함부로 여기는 사람들이 많이 있음을 보게 된다. 삶은 이런 사람을 좋아하지 않는다. 그래서 그런 사람에겐 그 어떤 은총도 베풀지 않는다.

인생의 후반부를 잘 살기 위해서는 스스로 강해져야 하고, 스스로를 지켜 내야 한다. 나를 강하게 만드는 것도 바로 자신이며, 자신을 그 어떤 삶으로부터 지켜내고 구해내는 것도 자신이다.

나이 53세에 소설 〈비밀 정원〉으로 '혼불문학상'을 받으며 화려하게 등단한 박혜영 씨. 그녀는 20세 때 쓰다만 소설 초고를 30년 뒤에 완성하고 새로운 인생길을 활짝 열었다. 그녀는 그 오랜 세월 속에서도 자신의 내면 깊숙이에서 잠자던 문혼文魂을 일깨워 오늘의 기쁨을 맞이할 수 있었다. 만일 그녀가 '아주 오래전 일이고, 이 나이에 내가 무슨 소설을 쓸 수 있겠어?'라고 주저하고 망설였다면, 그와 같은 행복한 결과는 결코 얻지 못했을 것이다. 삶은 그녀처럼 나이에 관계없이 자신을 사랑하고, 지금보다 더 나은 인생을 원하는 이에게 아낌없는 은총을 베푼다.

"삶의 주인공이 되라. 영원히 이어지는 눈길 위에 발자국을 남기라. 칠흑 같은 어둠의 장막을 뚫고 환한 밝음으로 가는 길을 개척하라."

미국의 작가 파크 벤저민Park Benjamin의 말처럼, 아직도 누구나 인생의 주인공이 될 수 있다. 지금도 늦지 않았다. 날마다 푸른 하늘을 바라보고 숨을 쉴 수 있는 한 누구에게도 인생 최고의 순간은 주어질 수 있다. 내 인생 최고의 순간은 지금부터라고 굳게 믿고 씩씩하게 나아가야 한다. 그것만이 아직 오지 않은 인생 최고의 순간을 맞이할 수 있는 유일한 길이다.

Tip

## 인생 최고의 순간을 맞기 위한 좋은 생각

- 인생의 후반부는 삶이 끝나는 시기가 아니라 새로 시작하는 출발점이라고 생각하라.
- 모든 일의 결과는 생각이 만들어 낸 결과이다. 자신의 인생을 생산적이며 창의적으로 이끌고 싶다면 자신을 생산적이고 창의적인 사람으로 만들어야 한다.
- 인생 최고의 순간은 누구에게든지 온다. 내 인생 최고의 순간은 아직 오지 않았다고 생각하라. 인생 최고의 순간은 지금부터다. 그 기회를 만드는 일에 남은 열정을 다 바쳐야 한다.

# 강건한 정신을 위한 마음의 근육 기르기

대개의 사람들은 육체의 근육을 기르는 데 아주 열심이다. 몸을 건강하게 하기 위해서다. 충분히 이해가 가는 일이다. 몸이 건강해야 일도 잘할 수 있고, 자신이 하고 싶은 일도 성취할 수 있다.

그런데 그에 비해 '마음의 근육'을 기르는 일엔 소홀한 것 같다. 육체의 근육이 몸의 건강을 위한 것이라면, 마음의 근육은 정신의 건강을 위한 것이다. 육체의 건강이 아무리 좋다고 해도 정신 건강이 좋지 않으면 온전한 건강이라고 할 수 없다. 육체와 정신 건강이 완전히 조화를 이뤄야 온전한 건강이라고 할 수 있다.

나이가 들수록 정신적 건강이 더욱 중요하다. 물론 육체적 건강도 더욱 중요하지만, 정신적 건강이 그 어느 때보다도 중요하다. 정신적 건강은 마음의 근육이 강할수록 건강하다. 마음의 근육을 키우기 위해서는 그에 따른 노력이 수반되어야 한다. 마음의 근육을 키우는 일은 자신을 진정으로 사랑하는 행위이다. 이에 대해 독일의 철학자 프리드리히 니체Friedrich Nietzsche는 이렇게 말했다.

"자신을 진정으로 사랑하기 위해서는 자신의 능력으로 무엇인가에 최선의 노력을 다해야 한다. 자신의 다리로 높은 곳, 즉 자신의 목표를 향해 걷지 않으면 안 된다. 하지만 그것은 고통이 따른다. 그러나 그것은 마음의 근육을 단련시키는 고통이다."

니체의 말처럼 자신의 능력으로 남은 인생을 위해 최선을 다한다면, 인생을 보다 보람 있고 행복하게 살아가게 될 것이다.

## ‖마음의 근육은 나를 지탱하는 정신적 뿌리다‖

마음의 근육을 키우기 위해서는 어느 정도의 고통이 따를 수 있다. 이는 지극히 당연한 일이다. 왜냐하면 그 무엇을 하더라도 노력이 따라야 하고, 수고가 따라야 한다. 그런데 그것이 귀찮고 고통스럽다면 그 어떤 것도 할 수 없다. 더구나 육체의 힘이 빠지고 정신적으로도 힘이 빠진 인생의 후반기를 잘 살아가기 위해서는 더더욱 감수하고서라도 해야 한다. 그렇게 하지 않으면 그 어떤 것으로도 마음의 근육을 키울 수 없다. 마음의 근육은 그 어떤 환경으로부터라도 자신을 지켜내게 하는 정신적 뿌리이다. 뿌리가 약한 나무가 약한 바람에도 쉽게 쓰러지듯 마음의 근육이 약하면 정신적 뿌리가 약한 이유로 그 어떤 일도 성과를 거둘 수 없다.

마음의 근육을 단련시키기 위해서는 다양한 독서로 다양한 지식을 길러야 한다. 현대사회는 복잡 다양한 구조를 이루고 있다. 다양한 사회구조 속에서 자신이 원하는 것을 얻기 위해서는 사회가 요구하는 다양한 지식을 습득해야 한다. 설령, 자신이 재취업을 위해서, 또는 다른 일을 위해서가 아니더라도 자신을 좀 더 품위 있고 가치 있게 하기 위해서는 다양한 지식으로 자신을 무장할 필요가 있다. 그런데 문제는 책을 너무 안 읽는 것이다. 우리나라 성인의 일 년 평균 독서량은 약 10권이라고 한다. 한 달에 채 1권도 안 읽는다. 이는 매우 부끄러운 수치가 아닐 수 없다. 독서는 마음의 근육을 키우는 데 가장 손쉽게 할 수 있고, 큰 돈 들이지 않고도 얼마든지 맘껏 즐길 수 있는 좋은 방법이다.

유대인으로 영국의 수상을 두 번이나 역임한 벤저민 디즈레일리Benjamin Disraeli는 "한 달에 네 권 이상의 책을 읽어야 한다."고 말했다, 그는 또 "단 한 권의 책밖에 읽지 않는 사람을 경계하라."고 역설하였다. 디즈레일리의 말은 독서가 인간에게 얼마나 중요한 가치를 지니는지를 잘 알게 해준다.

독서가 마음의 근육을 키우는 데 유익하게 작용하기 위해서는 자신이 알고 있는 것을 실행에 옮겨야 한다. 이에 대해 율곡 이이는 "독서를 하는 데 있어 입으로만 읽고 마음으로 느끼지 아니하며, 몸으로 행하지 않으면 그 글은 다만 글자에 지나지 않는다."라고 말했다. 실행이 따르는 독서는 반드시 필수이다. 이렇듯 독서는 마음의 근육을 키우는 데 있어 가장 손쉬우면서도 가장 중요한 요소라고 할 수 있다.

대기업에서 근무하다 작가가 되어 제2의 인생을 성공적으로 살고 있는 작가 G. 그는 직장에서 자신이 맡은 업무를 완벽하게 해냈다. 그는 때마다 승진도 하고 중요 부서의 팀장으로 장래가 보장되었다. 그랬던 그가 작가가 되기로 생각을 바꾼 건 어린 시절부터 꿈꿔왔던 일이기 때문이다. 40대 후반에 이른 그는 더 이상 미룰 수 없어 어느 날 아내에게 자신의 생각을 말했다.

"진영 엄마, 나 회사 그만두고 작가가 되면 어떨까?"

"당신이 평소 그런 생각을 가지고 있는 건 알았지만, 막상 그렇게 말하니 갑자기 말하기가 좀 그러네요."

그의 말에 다소 놀란 듯한 얼굴로 그의 아내가 말했다.

"당신이 그렇게 생각하는 것도 무리는 아니야. 근데, 당신도 알다시피 작가는 내 어릴 적부터 꿈이고, 지금 안 하면 두고두고 미련이 남을 것 같아. 당신만 동의해 준다면 잘할 자신이 있는데."

G는 아내가 동의해 주기를 바라며 말했다. 그의 아내는 이내 말을 못 하고 잠시 생각하다가 지금 대학교 1학년인 아들과 중학교 2학년인 딸아이의 교육비며 학원비 등 돈 쓸 곳이 많다고 우회적으로 자신의 생각을 말했다. 그러자 G는 자신이 2년 안에 작가로 자리 잡아, 생활하는 데 전혀 지장을 주지 않겠다고 말하며 동의해 주길

바랐다. 그러나 그의 아내는 끝내 동의해 주지 않았다. 그러고 나서 7개월이 지난 어느 날, G는 또다시 이에 대해 아내에게 말했고, 마침내 아내의 동의를 얻어냈다. 그는 이날을 대비해서 수천 권이 넘는 다양한 책을 독파하였다. 그리고 틈틈이 자신이 구상해 놓은 기획 원고를 작성하여 10군데 넘는 출판사에 투고하였다. 그리고 보름 뒤 세 곳의 출판사로부터 긍정적인 답변을 받았다. 그는 세 곳의 출판사를 차례로 방문하여 자신의 생각과 잘 맞는 출판사와 계약을 하였다. 출판사와 계약을 한 날 그의 가슴은 기대와 꿈으로 한껏 부풀었다.

'그래, 이제 시작이야. 이제 나의 후반부 인생을 멋지게 사는 거야. 나의 꿈, 나의 인생을 위해 온몸을 불사르는 거야.'

그는 이렇게 다짐하며 두 손을 꼭 쥐었다. 그날 집에서는 그의 첫 계약을 자축하는 가족 파티가 열렸다.

"진영 아빠, 축하해요. 당신은 꼭 멋지게 해낼 거예요."

"고마워. 이 모두가 당신이 나를 믿고 기꺼이 동의해 준 덕분이야. 나, 앞으로 잘할 테니 두고 봐."

G는 이렇게 말하며 활짝 웃었다.

"아빠, 저도 축하드려요."

"아빠, 저도 진심으로 축하드려요."

두 아이도 기뻐하며 그를 축하하였다. 그날은 그의 새로운 인생이 본격적으로 시작되는 뜻깊은 날이었다.

그 후 그는 100여 권의 책을 내었고, 작가로서 자리를 잡고 안정적으로 글쓰기를 하고 있다. 그가 자신의 후반부 인생을 산뜻하게 해 나갈 수 있는 힘은 바로 그가 마음의 근육을 키웠기 때문이다. 그는 이날을 대비해서 직장생활을 하는 그 바쁜 시간에도 책 읽기에 온 힘을 쏟았다. 그가 읽은 다양한 분야의 다양한 책은 그가 다양한 글을 쓰는 데 큰 밑거름이 되어주었다.

마음의 근육을 키우는 일엔 얼마간의 고통이 따른다고 앞에서 말했듯이 그건 분명한 사실이다. 그렇게 하지 않으면 마음의 근육을 키울 수 없다.

그 누구라도 G와 같이 독하게 마음먹으면 자신이 추구하는 일을 해낼 수 있다. 단 자신의 남은 인생을 모두 거는 마음으로 해야 한다. 그렇게 하지 않으면 제대로 할 수 없다.

## ‖마음의 근육은 새로운 나로 거듭나게 한다‖

새로운 인생을 살고 싶다면 마음의 근육을 키워야 한다. 그런데 마음의 근육을 키우기 위해서는 고통이 따르고 시간과 돈, 열정이 함께해야 한다. 자신의 인생을 잘 살아가는 사람들은 하나같이 마음의 근육을 키우는 데 열정을 쏟았다는 것을 알 수 있다. 그들은 남보다 잠도 줄이고, 술도 줄이고, 사람들과의 교류도 줄이는 등 최대한 자신에게 집중하는 데 몰입하였다. 그것만이 같은 시간을 보다 효과적으로 쓸 수 있기 때문이다.

그렇다. 잘 것 다 자고, 술 마실 것 다 마시고, 어울릴 것 다 하고 어느 세월에 마음의 근육을 키울 것인가. 그것은 죽었다 깨어나도 할 수 없는 일이다. 마음의 근육을 키우는 일은 때론 모험과도 같다. 그 모험 속으로 자신을 던져야 한다.

마음의 근육을 키우기 위해서는 다음의 두 가지에 힘써야 한다.

첫째, 독서는 마음의 근육을 키우는 데 가장 효과적인 방법이다. 특히, 다양한 독서는 다양한 지식을 습득함으로써 마음의 근육을 튼튼하게 해준다. 마음의 근육이 튼튼할수록 자신이 하는 일이나 자신이 새롭게 추구하는 일을 보다 더 잘해 나갈 수 있다. 그런데 문제는 우리나라 성인들이 너무나 책을 읽지 않는다는 것이다. 더구나 50대 이후엔 대개가 아무것도 하지 않거나 이런저런 일로 소일을 하면서도 책을 잘 읽지 않는다. 책 읽는 습관이 몸에 배지 않은 까닭이다. 책을 읽으려면 다부지게 마음먹고 읽어야 한다. 그리고 어느 한 분야에 편중되게 책을 읽지 말고 다양한 책을 읽음으로써 다양한 지식을 습득해야 한다. 다양한 독서는 다양한 지식을 제공하고, 그것은 곧 마음의 근육을 탄탄하게 키우는 데 큰 효과를 발휘한다.

둘째, 사색하는 힘을 길러야 한다. 사색은 어떤 일에도 흔들리지 않고 이성적으로 대처하게 하는 데 큰 힘이 된다. 그런데 문제는 나이를 먹게 되면 이성적인 사람도 작은 일에 흔들리게 된다. 사색의 힘이 약하다 보니 자신의 마음을 흔들리지 않게 컨트롤하는 게 쉽지 않다. 작은 일에 흔들리면 그 어떤 일에도 자신감을 갖기가 어렵다. 그래서 이를 막기 위해서는 사색하는 힘을 길러야 한다. 사색하는 힘을 기르기 위해서는 독서를 하는 것도 좋고, 마음의 수련을 쌓기 위해 기도나 명상을 하는 것도 좋다. 또한 꾸준한 산책을 통해 무거워진 마음을 맑게 씻어주어야 한다. 마음의 근육을 탄탄하게 하는 데는 사색 역시 필수이다.

국내적으로나 국외적으로 볼 때 인생의 후반부를 잘 살아가는 사람들은 대개가 마음의 근육을 튼튼하게 기른 사람들이다. 이들은 자신의 인생을 멋지게 마무리하기 위해 마음의 근육을 기르고, 최선을 다한 사람들이다. 세상에는 그 어느 것도 그냥 주어지는 것은 없다. 잘되기 위해서는 반드시 그만한 대가를 삶에 지불해야 한다. 그것이 자신의 삶에 대한 예의이고 도리이다.

Tip

## 마음의 근육을 기르는 좋은 생각

- 마음의 근육은 건강한 정신과 건강한 마음을 갖게 한다. 다양한 독서는 마음의 근육을 기르는 데 가장 좋은 방법이다.
- 기도와 명상, 산책 등을 통해 사색의 힘을 길러라. 사색의 힘은 마음이 흔들리지 않도록 중심을 탄탄하게 잡아준다.
- 여행은 일상에서 얻은 스트레스와 피로를 풀어주는 삶의 비타민이다. 비타민이 몸을 튼튼하게 하듯 여행을 통해 삶의 비타민을 축적해야 한다. 삶의 비타민이 풍족하면 마음의 근육을 키우는 데 큰 도움이 된다.

# 부족함을 채워줄 수 있는 사람들과 교류하기

사람은 누구나 부족함을 안고 살아간다. 아무리 그 사람이 훌륭한 지식을 습득했더라도 모자라는 부분이 있기 마련이다. 그 모자람을 그대로 두면 더 나은 자신의 길을 갈 수 있음에도 머뭇거리게 된다. 자신이 현재에 머무르지 않고 나아가기 위해서는 자신의 부족함을 채워야 한다. 그 부족함을 채우기 위해서 자기계발을 하는 등 여러 가지 노력이 필요하다.

자신의 부족함을 채우는 방법 중 자신의 부족함을 채워줄 수 있는 사람을 곁에 두는 것이 무엇보다 중요하다. 자신의 부족함을 채워주는 사람은 자신의 인생에 막대한 영향을 끼친다. 그런 사람과의 교류는 매우 창의적이며 생산적이다. 특히 자신의 부족함을 채워주는 사람이 희망으로 가득 찬 긍정적인 사람이라면 더욱 좋다. 그런 사람은 긍정의 에너지가 끓어넘친다. 그런 사람은 부정적인 사람도 능히 긍정적인 사람으로 만든다. 그 사람의 긍정의 에너지가 부정의 에너지를 몰아내고 그 사람의 마음을 긍정의 에너지로 가득 차게 만들기 때문이다. 이에 대해 탁월한 자기계발 전문가인 노만 V. 필은 이렇게 말했다.

"희망으로 가득 찬 사람과 교류하라. 창조적이고 낙관적인 사람과 소통하라. 긍정적이고 능동적으로 행동하라. 그리고 그런 사람을 자신의 주변에 배치하라."

노만 V. 필의 말은 희망으로 가득 찬 사람과의 교류가 얼마나 중요한지를 단적으로 말해준다고 하겠다.

자신이 지금보다 나은 내일을 살고 싶다면 자신의 부족함을 그대로 두지 말고 부족함을 채워야 한다. 자신의 부족함을 채워줄 수 있는 희망으로 가득 찬 사람과 교류하는 것은 자신의 인생에서 매우 중요한 일이다.

## ‖희망으로 가득 찬 사람과 교류하기‖

사람은 누구를 만나느냐에 따라 그 인생이 달라진다. 왜냐하면 교류를 통해 그 사람의 마인드를 닮아가기 때문이다. 그래서 '어떤 사람과 교류하는가?' 하는 문제는 매우 중요하다. 이는 철없는 아이들뿐만 아니라 철이 든 성인들의 경우에도 마찬가지이므로, 인생에서 매우 중요한 삶의 과제라고 할 수 있다.

그렇다면 문제는 간단하다. 자신의 부족함을 채워 줄 수 있는 긍정의 에너지와 희망으로 가득 찬 사람과 교류를 갖도록 하는 것이다. 그런데 문제는 이런 사람을 만나기란 쉽지 않다. 이런 사람과의 교류가 쉽지 않기 때문인데 이런 부류의 사람은 부정적이거나 모난 사람과의 만남을 원치 않는다. 그래서 이런 사람과 교류를 하기 위해서는 진지한 자신의 모습을 보여줄 필요가 있다. 즉 자신이 먼저 변하지 않으면 안 된다는 말이다. 자신이 먼저 달라진 모습을 갖춰야 상대 또한 그 사람과의 교류를 진지하게 받아들일 것이다.

베스트셀러 《생각하라, 그러면 부자가 되리라》로 유명한 미국의 자기계발전문가인 나폴레온 힐Napoleon Hill은 젊은 시절에 기자생활을 하였다. 그가 평범한 기자에서 유능한 자기계발 전문가가 될 수 있었던 배경에는 세기적인 부를 누렸던 앤드류 카네기가 있었다. 어느 날 나폴레온 힐은 취재를 하던 중 카네기를 만나게 되었다. 카네기와의 만남은 그의 인생을 전혀 새로운 길로 가게 하는 계기가 되었다. 카네기는 그에게 이렇게 말했다.

"나는 다른 사람의 노력에 힘입어 부자가 되었어요. 거저 얻으려는 생각을 지양하는 방법을 가능한 한 빨리 찾아서 사람들에게 나의 돈을 돌려줄 것입니다. 그러나 내 재산에서 가장 중요한 부분은 유형과 무형의 재산을 모을 수 있게 해 주었던 지식입니다. 이런 지식이 하나의 철학으로 완성되어 성공을 꿈꾸는 모든 사람에게 도움을 주었으면 하는 것이 나의 소망이지요."

카네기는 이렇게 말하며 나폴레온 힐에게 자신의 생각을 실행에 옮기도록 제안했다. 카네기는 그동안 많은 사람들에게 자신의 이런 생각을 제안했지만 그 어느 누구도 그의 제안을 받아들이지 않았던 것이다. 나폴레온 힐은 그의 제안을 받아들였고 카네기는 그가 연구하는 데 큰 힘이 되어 주었다. 그리고 마침내 하나의 성공철학을 담아낸 책으로 태어났다. 그것이 바로 《생각하라, 그러면 부자가 되리라》이다. 나폴레온 힐은 이 책으로 인해 이름을 날리며 자기계발 전문가로 거듭 태어난 것이다. 만일 나폴레온 힐이 다른 사람들처럼 카네기의 제안을 거절했다면 생동감 넘치는 그의 성공시대는 없었을 것이다.

카네기의 철강회사가 세계 최고가 될 수 있었던 것은 그에게 찰스 스왑이라는 뛰어난 직원이 있었기 때문이다. 찰스 스왑은 소통능력이 뛰어나 동료직원들에게 언제나 인기가 좋았으며, 회사에도 남다른 애정을 갖고 있었다. 그것을 카네기가 알게 된 것이다. 카네기는 그의 장점을 살리게 기회를 주었고, 그는 자신의 역량을 맘껏 발휘하며 카네기의 생각을 확신시켜 주었다. 그는 일 년에 백만 달러나 되는 보너스를 받을 만큼 뛰어난 인물이 되었던 것이다. 카네기가 당시로서는 천문학적인 돈을 그에게 지급한 것은 그가 자신의 부족함을 채워 주었기에 조금도 아까울 것이 없었던 것이다. 찰스 스왑은 훗날 철강회사의 사장이 되어 자신의 역량을 발휘하며 성공적인 삶을 살았다.

영태는 대기업의 부장으로 있다가 57살에 명예퇴직을 하였다. 퇴직하고 한동안은 오랜 직장생활에서 벗어나 홀가분한 기분을 느끼며 지냈다. 그러나 5개월도 지나지 않아 조바심이 났다. 이러다가는 자신만 도태되는 게 아닌가 하는 생각이 그의 마음을 지배하기 시작했다. 그는 인근에 있는 도서관에 가서 읽고 싶은 책을 입맛대로 골라 읽으며 허한 마음을 달래곤 했지만, 허한 그의 마음은 시간이 흐를수록 더해만 갔다. 그는 무언가를 하지 않으면 견딜 수 없을 것만 같았다. 그러던 중 그는 도서관에서 하는 프로그램을 듣게 되었다. 그는 프로그램을 들으며 자신이 현실감각이 매우 어둡다는 걸 알게 되었다. 그는 강사에게 시간을 내어 달라고 부탁하여 식사자리에서 자신의 그런 점을 이야기하며 도움을 청하였다. 강사는 그의 간청을 흔쾌히 받아들였다.

그 후 영태는 그와의 교류를 통해 새로운 감각을 일깨우게 되었다. 그는 자신감을 얻음은 물론 그 자신감을 바탕으로 지금은 문화해설사로 일하며 허했던 마음을 산뜻하게 바꾸어 하루하루를 즐겁게 보내고 있다.

나폴레온 힐은 카네기를 통해 성공적인 인생의 길을 갔다. 그리고 카네기는 찰스 스왑을 통해 자신의 회사를 크게 발전시키며 세계 최고의 부자가 되었다. 영태는 도서관에서 우연히 듣게 된 강좌의 강사와의 교류를 통해 뒤떨어진 감각을 일깨우고 자신감을 얻은 후 자신의 삶에 만족하며 살고 있다. 이처럼 자신의 부족함을 채워

줄 수 있는 사람을 곁에 둔다는 것은 자신의 남은 인생을 성공적으로 살아가는 데 큰 힘이 되게 한다.

## ‖자신의 부족함을 채우기 위해 해야 할 일‖

사람은 누구나 부족한 부분이 있고, 그 부족함으로 인해 안타까운 일을 겪기도 한다. 나이가 들게 되면 더더욱 부족함을 느끼게 되고 자신감을 상실하게 된다. 그러나 자신의 부족함을 채우면 인생이 달라진다. 없던 힘도 생기고 자신감도 넘쳐나게 된다.

자신의 부족함을 채우기 위해서는 자신의 노력이 필수이다.

첫째는 무엇을 하겠다는 자신의 마음이 확고해야 한다. 마음이 확고하면 그 어느 순간에도 흔들리지 않게 된다. 그러나 마음이 흔들리면 아무리 의도하는 것이 좋아도 좋은 결과를 얻기 힘들다. 둘째는 자신이 하고자 하는 것을 실행에 옮길 수 있는 자세를 갖춰야 한다. 왜냐하면 자신에게 필요한 것을 전수받거나 도움을 받을 수는 있어도 결국 그 일을 실행에 옮기는 것은 자기 자신이기 때문이다. 그런데 자신의 부족함을 채워 줄 누군가에게 의지한다면 자신이 하는 일을 제대로 해낼 수 없다.

사람은 나이를 먹어도 달라지지 않는 게 있다. 그 사람의 본질이다. 사람의 본질은 어릴 때나 숱한 인생의 경험을 하며 나이를 먹는 동안에도, 정도의 차이는 있을망정 완전하게 달라지지는 않는다. 자신의 본질이 나이를 먹어도 크게 달라지지 않았다는 생각이 든다면 자신의 본질을 변화시킬 필요가 있다. 무엇을 적극적으로 해보겠다는 본질이 변화하지 않으면 자신의 부족함을 채워주는 사람이 곁에 있다 하더라도 별로 도움이 되지 않는다.

나이가 들수록 자신을 더 단단하게 동여매야 한다. 그래야 추하지 않고 당당하게 늙어감으로써 자신에게 부끄럽지 않은 인생으로 남게 된다.

Tip

## 나의 부족함을 채우기 위한 좋은 생각

- 자신의 부족함에 솔직해져야 한다. 자신의 부족함을 인정하지 않으면 부족함을 채울 수도 없다.
- 부족함을 채우기 위해 자신의 부족함을 채울 수 있는 사람과 교류하는 것은 매우 중요하다. 그는 살아 있는 삶의 교본이다.
- 항상 공부하는 자세를 지향해야 한다. 나이가 들수록 공부하지 않으면 퇴보하기 딱 좋다. 자신이 자신에게 당당할 수 있도록 늘 공부해야 한다.

## 지더라도 다시 시작하면 된다고 믿기

살아가는 동안 그 어떤 실패도 경험하지 않는 사람은 없다. 아무리 성공적인 인생을 살았거나 살고 있는 이들도 실패의 경험은 다 있다. 실패는 자연스럽게 따라오는 인생의 그림자이다. 그런데 실패가 두려워 자신이 하는 일에 몸을 사린다면 그 어떤 긍정적인 결과도 낼 수 없다.

나이가 들어갈수록 삶에 대한 두려움에 빠지는 이들이 많다. 왜냐하면 기억력도 건강도 젊은 시절에 비하면 턱없이 좋지 않다 보니 마음으로부터 두려움이 앞서기 때문이다. 이에 대해 심리학자인 바바라 골든은 다음과 같이 말했다.

"실패는 지금 하는 일을 그만두는 계기가 될 수도 있지만, 그 원인이 무엇인지 살펴본다면 중요한 교훈을 얻을 수도 있다. 실패가 두려워 위험을 감수하지 않는 사람보다는 자주 실수를 저지르는 사람이 훨씬 더 많은 것을 배울 수 있다. 지금 하고 있는 일과 목표에 대한 열정이 있다면 그 목표를 성취하는 과정에서 수없이 많은 실패를 경험한다 해도 마침내 좋은 결과를 얻어낼 것이다.

사고와 실패, 실수를 통해 우리의 진정한 관심사가 무엇인지 깨달을 때도 많다. 예를 들어 직장에서 성공적으로 완수해야 할 프로젝트를 맡았는데 관련된 공부를 하기 위해 근처 대학의 야간 과정을 등록했다. 그러나 어느 날 실수로 잘못 들어간 강의실에서 때마침 관심을 끄는 흥미로운 주제를 발견하게 되고, 결과적으로 인생의 길이 바뀐 경우도 있다.

당신의 삶에서 찾아오는 실패들로 마음이 고단해질 때면 스스로에게 말해주라.

"내가 성공할 기회가 또다시 높아졌군!"

바바라 골든의 말에서처럼 실패는 지는 것이 아니다. 자신에게 성공할 기회를 높여주는 것이라고 믿어라.

## ‖지는 것을 두려워하지 않기‖

실패에 대한 두려움은 충분히 잘할 수 있는 일도 주저하게 한다. 실패라는 부정적 자아가 그 사람의 마음을 지배하기 때문이다. 실패, 즉 진다는 것은 불쾌하고 스스로에게 부끄럽고 미안한 일이라고 생각하는 그 생각이 그 자신을 약자로 만든다.

실패는 누구에게든 그 사람 인생의 그림자와 같다. 숨을 쉬며 살아가는 한 나이의 많고 적음을 떠나 실패는 늘 그림자처럼 따라온다. 그렇다고 본다면 실패를 굳이 두려워해야 할 까닭이 없다.

실패의 불안을 이길 수 있는 것은 두려움에 맞서는 것이다.

'실패하면 다시 하면 되지.'라고 생각하는 마음이 강하게 작용할 때, 실패의 불안, 즉 지는 것에 대한 두려움을 이겨낼 수 있다. 다음 이야기는 실패의 두려움을 이겨내고 자신이 추구하는 것을 이룬 아름다운 이야기이다.

유대인으로서 유럽에서 가장 보수적인 영국 의회에 진출하여 두 차례나 수상을 지낸 벤저민 디즈레일리. 디즈레일리의 정치적인 승부사 기질은 그의 강직한 성품에서 기인한다. 그는 좌절을 모르는 유대인의 기질을 자신의 정치적 역량을 드높이는 데 있어, 지혜롭게 적용시키는 수완을 발휘함으로써 자신을 반대하는 정치세력을 굴복시키고 명정치가가 될 수 있었다.

그렇다면 디즈레일리에게는 문제가 없었을까. 그 또한 문제가 많았던 사람이다. 디즈레일리는 젊은 시절 호기를 부리기도 했고, 사람들로부터 허세를 부린다고 비난을 받기도 했다. 뿐만 아니라 주식을 투자하고 사업을 하는 등 심혈을 기울였으나 실패하고 말았다. 좌절과 방황으로 4년이 넘도록 허송세월을 보내기도 했다. 그리고 정계에 입문해서는 수차례에 걸쳐 낙선을 하는 등 그의 인생은 실패의 연속이었다.

그러나 그는 좌절하지 않았다. 좌절은 곧 인생의 실패라는 것을 경험으로 배웠기 때문이다. 그는 실패할수록 더 강해지고 더 노력했다. 디즈레일리는 수많은 실패를 통해 자신이 축적한 모든 역량을 시도할 기회를 엿보았다. 그러자 기회가 찾아왔고 그는 그 기회를 놓치지 않고 붙잡은 끝에 꿈을 이뤄낼 수 있었다.

디즈레일리가 영국의 수상으로 있는 동안 대영제국은 '해가 지지 않는 나라'라고 불릴 만큼, 유럽은 물론 전 세계적으로 강력한 국가의 위상을 떨쳤다. 그는 많은 국민들로부터 존경과 찬사를 받은 성공적인 인생을 살았다.

디즈레일리가 성공할 수 있었던 것은 지는 것에 대한 두려움을 이겨내고 더욱 강해졌기 때문이다. 그는 실패를 통해, '실패는 성공을 위한 디딤돌'이라는 생각을 하였으며, 자신의 생각을 그대로 실행에 옮겼기에 성공할 수 있었다.

## ‖실패는 다시 시작하는 절호의 기회라고 믿기‖

성공적인 삶을 살았던 사람들에게 한 가지 뚜렷한 공통점은 하나같이 실패를 반복적으로 했으며, 그럼에도 불구하고 절대로 자신에게 지지 않고 도전하여 마침내 자신의 꿈을 이뤄냈다는 것이다.

에이브러햄 링컨은 9세의 어린 나이에 어머니를 잃고, 15세 때는 집을 잃고 노숙자가 되었으며, 23세 때는 사업에 실패를 했다. 처음으로 출마한 주의회 선거에서 낙선을 했고, 35세 때는 하원의원 선거에서 역시 낙선을 하였다. 38세 때 하원의원에 당선되었으나 40세 때 재선거에서 낙선하였다. 이후에도 그는 많은 실패를 경험하였다. 그러나 그는 포기하지 않고 끝까지 자신의 목표를 향해 도전하였다. 그리고 마침내 52세의 나이로 미국 제16대 대통령이 되었다. 그는 수많은 실패를 통해 진정한 삶의 가치가 무엇인지 알게 되었고, 정적까지도 끌어안아 자신의 편으로 만드는 관용정신을 보여주었다. 그의 그런 모습에 미국 국민들은 열광하였고, 그는 미국에서 가장 존경받는 인물이 되었다. 링컨이 성공적인 인생이 될 수 있었던 것은 실패를 두려워하지 않고 끝까지 자신의 목표를 향해 나아갔기 때문이다.

내가 아는 어떤 이는 하는 일마다 실패였다. 선대로부터 물려받은 땅까지 다 팔았지만 실패로 인해 진 빚을 갚기에 급급했다. 그는 너무 힘들어 자살을 시도하였지만 다행히 어떤 사람에게 발견됨으로써 목숨을 구할 수 있었다. 그는 다시 태어났다고 생각하며 자신은 덤으로 살고 있는 인생이라고 말했다. 그는 두 번 다시는 자신에게 지지 않겠다고 굳게 다짐한 이후로 이를 악물고 노력한 끝에 커다란 식당을 성공적으로 운영하게 되었다. 그가 실패를 다시 시작하는 절호의 기회로 삼고 성공했을 때 그의 나이는 58세였다.

인류역사상 가장 위대한 대통령으로 존경받는 링컨은 52세 때 대통령이 되었으며, 지인 역시 58세 때 자신의 목표를 이루고 나름 성공한 인생이 되었다.

나이가 들어도 나이 먹은 티를 안 내는 것이 좋다. 나이를 의식하다 보면 잘할 수 있는 일도 못하게 된다. 의식의 힘은 이처럼 무섭다. 자신을 늘 청춘이라고 생각하라. 그러면 일흔이 되고, 여든이 되어도 언제나 파릇파릇한 청춘인 것이다.

Tip

## 실패를 딛고 다시
## 시작하는 좋은 생각

- 실패는 인생의 그림자와 같다. 실패는 나의 사전에는 없다는 오만함을 버려라.
- 실패는 지금보다 나은 나를 위한 성공의 디딤돌이라고 생각하라. 생각하는 대로 되는 게 인생이다.
- 실패는 실패를 두려워하는 사람들을 좋아한다. 자신에게 지지 않게 자신의 마인드의 근육을 강화시켜라.

# 행복한 나를 위해 행복나누기

행복은 자기 혼자만 누리면 그것으로 끝날 뿐이지만, 많은 사람들과 나누면 그만큼 커지며 행복의 지수도 높아진다. 행복을 나누며 사는 사람들을 보면 자신의 행복을 타인들과 함께하는 데서 찾는다. 그래서일까, 그들은 자신의 행복만 생각하지 않는다.

"남을 위해 일할 수 있었다는 것은 어린 시절부터 나의 최대의 행복이었으며 즐거움이었다."

악성樂聖 루드비히 반 베토벤Ludwig van Beethoven의 말이다. 베토벤의 말은 그가 단순히 위대한 음악가가 아니라 타인을 내 몸과 같이 여기고 자신의 인생을 살았다는 것을 알 수 있다.

하버드대학 긍정심리학과 교수이자 베스트셀러 작가로 《하버드대 52주 행복연습》의 저자인 탈 벤 샤하르Tal Ben Shahar는 "다른 사람을 많이 도와줄수록 내가 더 많이 행복해지기 때문에 점점 더 행복해지기 위해 점점 더 많은 사람들을 도와주려는 것이다."라고 말했다. 이에 대해 사람들은 이렇게 말한다.

"직장생활 하기도 빠듯한데 언제 남을 도와주란 말이야."

그렇다. 충분히 이해가 가는 말이다. 하지만 그런 가운데서도 남을 도움으로써 자신의 행복을 찾는 사람들이 있음을 알아야 한다. 직장에서 퇴직한 후, 보다 의미 있는 자신의 인생이 되기 위해서는 남을 도움으로써 자신의 행복을 찾는다면 더 값지고 충만한 행복을 느끼게 될 것이다.

## ‖행복은 취하는 것이 아닌 함께 나누는 것이다‖

행복해지기 위해서는 남보다 더 많은 것을 취해야 한다고 생각한다. 남보다 더 많은 부, 더 높은 지위, 더 좋은 차, 더 좋은 집이 자신의 행복이라고 믿는다. 물론 남보다 더 많이 취함으로써 누리는 행복도 크다. 하지만 이런 행복은 그리 오래가지 않는다. 이보다는 자신의 것을 나누고 함께 공유할 때 행복은 더 커진다. 내가 줌으로써 행복해하는 사람들을 보면 취하는 것보다 더 큰 희열을 느끼기 때문이다. 이에 대해 아나톨 프랑스는 이렇게 말했다.

"이 세상의 참다운 행복은 남에게서 받는 것이 아니라 내가 남에게 주는 것이다. 그것이 물질적인 것이든 정신적인 것이든 인간에게 있어서 가장 아름다운 행동이기 때문이다."

아나톨 프랑스의 말처럼 남에게 무엇을 베푼다는 것은 참 아름답고 충만한 사랑이 아닐 수 없다.

한국인 최초로 유럽 무대에 선 메조소프라노 김청자. 그녀는 한국과 독일에서 성악가로 교수로 활발히 활동하며 성악가로 성공함은 물론 교수로서 수많은 제자들을 길러냈다. 무엇보다도 그녀의 삶이 의미를 부여하는 것은 1963년 간호보조원으로 독일에 가서 어려운 환경 속에서도 음악을 공부하여 성악가가 되고 교수가 되었다는 것이다. 그리고 은퇴 후 자신의 전 재산을 갖고 아프리카 말라위에 루수빌로 뮤직센터를 설립하였다. 그녀는 이곳에서 가난한 아이들과 주민들에게 음악을 가르치며 행복을 심어주고 있다. 뿐만 아니라 그림을 그리게 하고 청소년지원센터를 건립해 공부와 운동 등 아이들이 할 수 있는 것이라면 무엇이든 지원하고 있다.

그녀가 고국을 떠나 그것도 열사의 땅인 아프리카로 간 이유는 무엇일까. 그녀는 환갑을 맞이하여 은퇴 후에 어떻게 살지에 대해 곰곰이 생각해 보았다고 한다. 그녀는 2005년 아프리카를 여행하며 이곳에 자신의 남은 열정을 쏟기로 결심했다. 그리고 은퇴 후 자신의 결심을 실행에 옮긴 것이다.

그녀는 이곳에서 아이들에게 음악을 가르쳐 불과 3년이 채 안 된 가운데서도 말라위 전국대회에서 1등을 차지하는 쾌거를 이루어냈다. 그녀는 이곳 아이들을 한국예술종합학교에 보내 그들이 좋은 환경 속에서 공부를 하도록 하고 있다. 그녀의 헌신적인 삶에 감동한 사람들은 그녀를 돕기 위해 적극 후원하고 있다.

그녀는 앞으로 음악을 배우기 위해 찾아오는 학생들을 위해 기숙사를 건립하여, 그들이 최대한 좋은 여건 속에서 공부를 할 수 있도록 지원할 생각이라고 밝혔다. 자신의 포부를 밝히는 그녀의 모습은 행복 그 자체였다. 그녀는 이렇게 말했다.

"행복을 주는 일에 최선을 다하십시오."

그녀는 노후를 편하게 지낼 수 있는 충분한 여건을 갖추고 있었다. 그럼에도 그녀는 환갑을 넘긴 나이에 자신의 목표를 위해 아프리카로 떠나 제2의 인생을 보람 있게 살고 있다. 그녀는 자신의 말대로 행복을 주는 일에 최선을 다하고 있는 것이다.

미국의 H. C 머튼이란 사람에겐 다정하고 상냥한 아내가 있다. 머튼 부부는 함께 장사를 하며 서로를 깊이 사랑하였다. 비록 여기저기 떠돌며 하는 장사지만 부부는 늘 감사하고 서로를 격려하였다. 그들은 함께함으로써 힘든 일도, 속상한 일도 아무렇지도 않은 것처럼 이겨냈다. 그들 부부에게는 한 가지 철칙이 있다. 자신들의 행복을 사람들에게 나눠주는 일이다. 그래서 그들 또한 자신들처럼 행복하게 살기를 바랐다. 머튼 부부는 행복을 나눠주는 방법으로 자신들의 명함 뒤에 다음과 같은 문구를 새겼다.

네 마음을 증오로부터, 네 머리를 고민으로부터 해방시켜라. 간단하게 생활하라. 기대를 적게 가지고 주는 것을 많이 하라. 네 생활을 사랑으로 가득 채워라. 빛을 발하도록 하라. 나를 잊고 남을 생각하며 남의 일을 자신의 일과 같이 하라. 이상과 같은 일을 일주일 동안 계속하라.

이는 '행복에 이르는 길'이란 글로 머튼 부부는 물건을 사는 사람들이나 자신들이 만나는 누구에게나 이 문구가 담긴 명함을 나누어주었다. 이 명함을 받은 사람들은 이 문구에 감동을 하고 마음에 새겨 실천했다고 한다. 머튼 부부의 이 같은 행동은 많은 사람들의 삶을 변화시켰다. 그리고 머튼 부부는 이 일로 자신들은 더 큰 행복을 얻었다고 한다.

머튼 부부처럼 행복은 스스로 노력하여 만드는 것이다. 행복이 찾아오길 기다리지 말고, 적극 행복을 찾아 나선다면 더 큰 행복을 누릴 수 있다.

사람들은 어떻게 하면 자신이 행복할 수 있을까에 대해 생각한다. 그런데 그것은 자신만을 위한 행복찾기이다. 자신만을 위한 행복은 행복의 깊이가 얇다. 그러나 남에게 주는 행복을 통해 얻는 행복은 깊이가 깊다.

물론 그렇다고 해서 김청자처럼 행하라는 것은 아니다. 자신이 지닌 형편에 따라 하면 된다. 그것이 그 무엇이라고 해도 상관없다. 자신의 형편껏 할 수 있을 만큼 하면 된다. 자신이 하는 일이 작은 일이라 할지라도 전혀 문제가 되지 않는다. 굳이 문제가 된다면 안 하는 것이 문제이다.

## ‖행복이 찾아오길 바라지 말고 행복을 찾아 적극 떠나기‖

행복은 가만히 있는 사람에게는 오지 않는다. 행복 또한 적극적으로 행복해지길 원하고 노력하는 사람에게 찾아온다. 다만 그 노력이 보편성을 벗어난다면 그것은 문제가 될 수 있다. 왜냐하면 그것은 자칫 스스로를, 또는 주변 사람들에게 불행을 안길 수도 있기 때문이다. 그래서 헛된 곳에서 찾는 행복, 상식을 벗어나는 일에서 찾는 행복은 진정한 행복이 아니다. 이에 대해 고대 그리스 시인인 호라티우스Horatius는 이렇게 말했다.

"사람들은 행복을 찾아 세상을 헤맨다. 그런데 행복은 누구의 손에든지 잡힐 만한 곳에 있다. 그러나 마음속에 만족을 얻지 못하면 행복을 얻을 수 없다."

호라티우스의 말처럼 자신의 마음이 행복할 수 있도록 해야 한다. 앞에서 말했듯이 자신이 진정으로 행복해지기 위해서는 타인과 함께 나누는 행복을 취해야 한다.

"사람은 남에게 어떠한 행동을 하였느냐에 따라 그의 행복도 결정된다. 남에게 행복을 주려고 했다면 그만큼 그 자신에게도 행복이 돌아온다."

이는 고대 그리스의 철학자 플라톤Platon이 한 말로 남에게 베푸는 행복이 얼마나 자신을 행복하게 하는지를 잘 알게 한다.

그렇다. 남을 행복하게 하면 자신은 더 큰 행복을 선물 받는다.

삶은 용케도 이런 사람을 외면하지 않는다. “남을 복되게 하면 자신은 한층 더 행복해진다.”고 한 글라임의 말은 그래서 더 설득력이 있다.

나이 들어가는 것을 서러워하지 말고 나이가 들수록 더 행복해하는 일에 열정을 쏟아야 한다. 그 열정이 자신의 인생을 더 행복하고 더 복되게 하는 것이다.

Tip

## 행복해지기 위한 좋은 생각

- 자신만을 위한 행복은 최소한의 행복이다. 행복의 폭을 넓히려면 남에게 주는 행복을 실행하라.
- 행복해지기 위해서는 노력이 필요하다. 작은 일이라 할지라도 마음을 담아서 하라. 그 마음이 뿌듯함으로 가득 찰 것이다.
- 행복은 태양과 같다. 태양이 따뜻한 햇살을 비추듯 자신이 행복의 주체가 되라. 그러기 위해서는 헌신적인 자세가 필요하다. 헌신적인 행복이 자신을 더욱 행복하게 한다.

# 멋지게 나이 들기, 멋진 내가 되기

나이가 들어갈수록 멋을 풍기는 사람이 있다. 조화로운 옷차림, 헤어스타일, 세련된 말과 행동거지, 추구하는 일 등이 주변 사람들에게 멋지게 보인다면 그는 멋지게 나이 들어가는 사람이라고 해도 좋다.

그런데 대개 사람들은 나이가 들게 되면 자신도 모르게 나이에 맞게 말하고 행동하려고 한다. 나이티를 내는 것은 어쩔 수 없는 자연스러운 현상이지만 나이를 떠나 멋지게 살고 싶다면 이런 생각이나 행동으로부터 벗어나야 한다. 그리고 변화하는 삶에 자연스럽게 동화될 수 있도록 해야 한다. 그렇지 않으면 시대에 뒤떨어지게 되고 구닥다리라고 놀림을 받을지도 모른다. 나이가 들되 나이티를 내지 않고 변화를 따르고 그 변화의 흐름에서 자신이 추구하는 것을 시도하여 좋은 기회를 얻을 수 있다면, 그것이야말로 멋지게 나이 드는 아름다운 노년의 삶이라고 할 수 있다. 이에 대해 《하버드대

52주 행복연습》의 저자인 탈 벤 샤하르는 다음과 같이 말했다.

"멋지게 나이 든다는 것은 세월의 흐름에 따라 나타나는 진짜 변화를 자연스럽게 받아들이는 것이다. 물론 이 변화에는 우리가 얻을 기회들을 깨닫고 이에 감사하는 것도 포함된다. 이제는 노화와 싸우는 데 투자하는 노력의 일부를 노년을 잘 보내기 위한 방향으로 돌려야 한다. 노년을 긍정적으로 인식하고 그것으로부터 얻을 수 있는 기회를 활용해야 한다."

아주 적확한 지적이다. 나이를 먹는다는 것은 단지 몸의 세포가 노화되고, 기력이 떨어지는 것이지 삶 자체가 도태되는 것은 아니다. 하지만 생각이 늙으면 삶 자체도 도태된다는 것에 주목할 필요가 있다.

자신의 후반부 인생을 아름답게 살다 아름답게 마무리 짓고 싶다면 멋지게  나이 들어가는 삶에 익숙해져야 한다.

## ‖멋지고 아름답게 나이 드는 삶을 살기‖

아무리 젊었을 때 멋쟁이 소리를 듣던 사람들도 이상하게 나이가 들면 여자든 남자든 나이 드는 티를 내게 된다. 말투가 그렇고, 행동도 그렇고, 생각하는 것에도 나이 먹은 티가 난다. 육체의 나이는 단지 육체의 나이일 뿐이다. 나이가 들어도 영혼의 나이는 들지 않는다. 단, 영혼의 안테나를 높이 세우고 생각을 젊게 하고, 생각에 맞춰 말과 행동을 젊게 하면 된다. 무엇이든 마음먹기에 달렸다는 말이 있듯 자신의 영혼의 나이의 주파수를 낮게 맞추면 된다.

이에 대해 유대인 출신 시인인 사무엘 울만Samuel Ullman은 자신의 시 〈청춘〉에서 표현하기를 영혼의 안테나를 높이 세우라고 말하며 '스무 살 청년이 아니라 예순 살 노인에게서 청춘을 보듯이 나이를 먹어서 늙는 것이 아니라 이상을 잃어서 늙어 간다'고 했다.

이상이란 영혼의 푸른 꿈이다. 나이가 들수록 이상을 잃지 말고 청춘으로 살아야 한다. 그것이 나이가 들수록 멋지게 살아가는 비결이다.

평범한 주부에서 소설 《목민심서》로 일약 베스트셀러 작가가 되어 세인들을 놀라게 했던 소설가 황인경 씨. 현재 58세인 그녀는 '레인보우 월드 코리아'를 설립해 다문화 이주민과 아프리카 빈민을 돕는 다양한 정착 프로그램을 펼치며 사회운동가로 활발한 활동을 벌이며 아름다운 인생을 살고 있다. 뿐만 아니라 벤처기업인 '아이넴'의 회장으로 경영자로서도 두각을 나타내고 있다. 그녀의 회사는 원자력발전소와 자동차에 쓰이는 고무제품을 생산하고 있다.

"저도 놀랐어요. 주부도 마음만 먹으면 경제활동의 주체로 충분히 한몫할 수 있다는 것을 알았어요."

그녀는 자신이 하는 일에 대해 이렇게 말했다.

그녀의 적극적이고 긍정적인 마인드는 그녀를 작가와 경영자로서만 머물게 하지 않고 그녀에게 또 다른 길로 걸어가게 했다. 그녀는 다문화 이주민과 아프리카 어린이들을 돕기로 결심을 하고 그 일에 매진하고 있다. 그녀가 하는 일은 다문화 이주민들의 초기 정착과 의료비 지원, 직업 교육을 하는 등 실질적인 지원을 펼치고 있다. 또 아프리카 어린이들에게는 장학금을 주는 등 교육사업과 식량을 지원하는 사회사업을 펼치고 있다.

그녀는 자신이 하는 일에 대해 묻는 사람들에게 "주부라고 현실에 안주하지 말고, 끊임없는 노력과 뜨거운 열정을 갖고 생활하면 다양한 길이 보입니다."라고 말했다. 그녀는 자신의 아름다운 인생을 위해 더 높이, 더 멀리 내다보며 멋지게 살고 있다.

그녀가 그처럼 살 수 있는 것은 나이를 의식하지 않고, 자신의 푸른 영혼의 안테나를 높이 세우고 젊고 풋풋한 감각으로 자신이 하고자 하는 일에 열정을 다하기 때문이다.

내가 잘 아는 K는 자신을 존중하고 아낀다. 그러다 보니 자신과 관계된 일엔 열정이 대단하다. 그는 옷을 입어도 타이트하게 입고 머리도 젊은 감각을 살려 손질한다. 그는 나이가 들어가는 것은 아주 자연스런 현상이라며 나이를 의식하지 않으려고 한다. 그래서일까, 그의 감각은 젊은 사람보다도 더 뛰어나다. 이는 생각이 젊다 보니 말과 행동도 젊기 때문이다. 56세의 나이도 50세 정도밖에 안 된 것처럼 보인다.

K는 그런 자신에 대해 묻는 이들에게 늘 이렇게 말한다.

"나는 나를 존중합니다. 그리고 나를 사랑합니다."

이 얼마나 자신에 대한 당당하고 멋진 확신인가.

K는 자신의 말대로 자신이 하는 일에 자부심이 대단하다. 이런 자부심은 언제나 그를 청춘으로 살게 한다. K는 같은 나이 또래에 비해 매우 젊은 감각을 유지하고 있다. 그리고 멋지게 나이 드는 것처럼 자신의 인생에 부끄럽지 않다고 말한다.

## ‖멋지게 살고 싶다면 나이를 잊어라‖

나이는 숫자에 불과하다는 말이 있듯 멋지게 나이 들기 위해서는 나이를 잊어라. 나이를 의식하지 말고 자신이 무언가를 해야겠다는 의지가 무엇보다 중요하다. 의지는 자신이 추구하는 일을 잘해 나가게 하는 강력한 에너지와 같다.

그런데 머리로는 그렇게 생각을 하면서도 막상 그 생각을 실행에 옮기려면 주저하게 된다. 자신감이 없기 때문이다. 나이가 들게 되면 자신감이 떨어진다.

"이 나이에 내가 그걸 어떻게 해?"

"마음으로는 얼마든지 할 것 같은데 몸이 말을 듣지 않아."

"내가 40대만 같아도 이런 것은 식은 죽 먹기보다도 더 쉬운데."

이렇듯 자신감이 떨어지다 보니 입에서는 이런 말들이 아무렇지도 않게 쏟아져 나온다. 자신감을 잃지 않는 것이 무엇보다 중요하다. 자신감의 중요성에 대해 영국의 시인이며 평론가인 새뮤얼 존슨

Samuel Johnson은 이렇게 말했다.

"자신감은 위대한 과업의 첫째 조건이다."

또한 정신분석학의 창시자인 지그문트 프로이트의 딸이자 정신분석학자인 안나 프로이트Anna Freud는 다음과 같이 말했다.

"나는 힘과 자신감을 찾아 항상 바깥으로 눈을 돌렸지만 자신감은 내면에서 나온다. 자신감은 항상 그곳에 있다."

새뮤얼 존슨과 안나 프로이트의 말에서 보듯 자신감을 갖는다는 것은 매우 중요하다. 의지도 자신감에서 나오고, 당당함도 자신감에서 나온다.

나이가 들었다고 절대 기죽을 필요가 없다. 자신감을 갖고 자신이 추구하는 것에 있는 열정을 다 쏟아부어라. 그런 사람만이 나이가 들수록 더 멋진 인생을 살아갈 수 있다.

Tip

## 멋지게 나이 드는 좋은 생각

- 나이를 절대 의식하지 말라. 나이는 단지 숫자에 불과하다. 정작 중요한 것은 젊게 살아야 한다는 강한 의지를 갖는 것이다.
- 옷 스타일, 헤어스타일 등을 젊은 감각에 맞게 해야 한다. 겉모습이 후줄근하면 생각도 몸도 다 후줄근하게 된다.
- 나이가 들수록 필요한 것은 자신감이다. 자신감을 잃으면 아무리 좋은 생각도 실행할 수 없다. 자신감을 잃지 않도록 몸과 마음을 견고히 해야 한다.

# 마음속에서 잠자는 자아自我를 깨우기

마음속에 잠든 자아를 일깨우는 것은 매우 중요하다. 자아란 '의식자가 다른 의식자 및 대상으로부터 스스로를 구별하는 의식이나 관념'을 말한다. 자아는 자기 확신을 강화시키고 자기 존중감을 높이는 데 매우 중요하다. 그래서 자아가 강한 사람은 자신에 대한 애착이 강하고, 믿음이 강하다. 그래서 무엇을 시도하거나 실행하는 추진력이 강하다. 그러나 자아가 약한 사람은 자기 확신이 약하고, 자기 존중감이 낮다. 그래서 무엇을 시도하거나 실행해 나가는 데 있어 매우 미흡하다. 이런 연유로 자아가 약하다면 자아를 강하게 일깨우도록 해야 한다.

"자아는 이미 만들어진 것이 아니라 선택을 통해 계속해서 만들어 가는 것이다."

이는 미국의 철학자이자 교육학자인 존 듀이John Dewey가 한 말이다. 존 듀이의 말은 자아는 얼마든지 자신의 의지에 의해 일깨워 나갈 수 있다는 것이다. 자아가 강한 사람은 긍정적이고 낙관적이다. 그래서 그 어떤 환경 속에서 심리적인 압박을 받는다고 해도 당황하거나 흔들리지 않고 심리적인 위기를 무사히 넘기는 능력이 뛰어나다.

나이가 들수록 자아가 마음속에서 잠자지 않도록 해야 한다. 나이를 먹음으로써 잃게 되는 자신감도 자기 존중감도 자아가 강하면 극복해 낼 수 있기 때문이다. 자아가 잠들지 않도록 자신을 일깨우는 데 소홀함이 없어야겠다.

## ‖자아는 자기 주체이며 자기 존중감의 실체이다‖

사람은 누구나 자신이 남보다 잘되고 튀는 삶을 살고 싶어한다. 이는 사람의 마음속에는 남보다 잘되고 싶은 욕망이 살아 숨쉬기 때문이다. 중요한 사람이 되고 싶은 욕망은 누구에게나 잠재되어 있다. 정신분석학자 프로이트는 인간은 누구나 하나의 공통적인 소원이 있는데 그것은 "위대한 사람이 되려는 욕망desire to be great"이라고 말했다. 또 탁월한 철학자인 존 듀이는 그것을 "사회적으로 중요한 인물이 되려는 욕망desire to be important"이라고 했다. VIPvery important person가 되고 싶은 욕망, 그 욕망을 탓할 수는 없다. 한 번뿐인 인생을 나만의 주인공으로 살고 싶은 건 어쩌면 당연한 일이다. 그런데 이런 마음이 드는 것은 나이와 상관없다. 나이가 들어도 마음 한구석엔 중요한 사람이 되고 싶은 욕망이 있다. 그렇다면 지금도 늦지 않았다. 더 나이가 들기 전에 시도를 하는 것이다. 시도해서 잘되면 그것보다 더 좋은 일은 없겠지만, 생각처럼 잘 안 된다고 해도 후회는 없을 것이다. 해보고 싶은 것을 해보았기 때문이다.

은퇴전문 강사로 활동 중인 김경철 씨. 액티브시니어 연구소를 만들고 은퇴전문 강사로 활동하기 전엔 동부건설 주택영업 본부장을 지냈다. 31년 동안 줄기차게 한 길로만 달려왔지만 2011년 말 갑자기 해고통보서를 받았다. 평생직장으로 여겼지만 뜻하지 않은 해고로 인한 허탈감에 시달려야 했다. 그는 불안을 느꼈다. 그의 나이 60세, 아직은 일할 수 있는 충분한 나이였다. 그런데 지금 그는 직장도 직함도 잃고 아무것도 없는 존재라는 생각에 더 이상 마음 편히 자리에 앉아 있을 수만은 없었다. 그는 무언가를 해야겠다는 생각에 골몰하다 아흔넷에도 고향에서 농업대학을 운영하며 문화해설사로 일하는 아버지를 떠올렸다. 고령에도 당신의 일에 최선을 다하는 아버지를 생각하자 못할 것이 없었다. 그는 자신의 후반부 인생을 위해 자신의 모두를 걸기로 하고 희망제작소 행복설계아카데미에 등록하여 주간반과 야간반에 모두 참석해 열심히 강의를 들었다. 그가 들은 강의 시간은 2012년 한 해만 무려 1,064시간이다. 그뿐만 아니라 그는 소상공인지도사, 은퇴코치, 프랜차이즈경영지도사, 웰다잉전문강사, 앙코르스쿨강사 등 5개나 되는 자격증도 취득하였다. 이렇게 차근차근 자신의 후반부 인생을 위해 노력을 기울이자 자신감이 생겼다. 무엇이라도 할 수 있을 것만 같았다. 그는 자신의 축적된 노하우를 살려 중소기업과 사회적기업 등에 컨설팅을 하면 잘할 수 있을 것 같다는 생각으로 그 일을 시작했지만, 빠릿빠릿한 젊은 사람들과의 경쟁에서 밀렸다. 그러자 그는 방향을 틀었다. 2013년 케이디비KDB 시니어브리지센터에 교육상담을 받으러 갔다가 센터장으로부터 직접 강의를 해보라는 권유를 받았다. 그는 그거야말로 자신이 잘할 수 있을 것 같다는 생각이 들었다. 그는 마침내 은퇴자들을 위한 강사로 활동하기 시작했다. 그의 강의는 한때 자신과 비슷한 처지에 있는 은퇴자들에게 공감을 주었다. 그 역시 얼마 전까지만 해도 그들과 같은 처지였다는 게 깊은 믿음을 주었기 때문이다. 그는 지금은 수익을 별로 내지 못하지만 내년쯤엔 어느 정도 수익을 낼 수 있을 것 같다며 이렇게 말했다.

"큰돈을 벌겠다는 게 목표가 아니라서 그런지 현직에 있을 때보다 더 바쁜데도 훨씬 행복합니다. 집에 가져다주는 돈이 거의 없어 아내에게 많이 미안하지만 아내와 약속한 3년이 끝나는 내년 초부터는 조금이나마 집에 가져다 줄 수 있을 것 같아 그나마 다행이네요."

그는 자신의 후반부 인생을 위해 목표를 정하고, 그 일을 위해 2년간 차근차근 준비를 하였던 것이다. 그가 그렇게 할 수 있었던 것은 그의 마음속에서 잠자고 있던 자아를 일깨웠기 때문이다. 무엇인가를 쉬임없이 하는 이들의 공통점은 자신의 환경에 지배당하지 않고 그 환경을 지배하기 위해 자아를 계발한다는 것이다. 그러나 그렇지 못한 사람들은 환경의 지배를 받으며 자신이 할 수 있는 능력도 상실시키는 우를 범함으로써 스스로를 고통 속으로 몰아간다.

나이가 들수록 자신을 더욱 단단하게 동여매야 한다. 그것이 자신의 후반부 인생을 위해 최선의 도리인 것이다.

## ‖자아의 계발을 위해 열과 성을 쏟아붓기‖

이상만 있을 뿐 목표에 대한 확실한 실천력이 없다면 아무것도 해낼 수 없다. 이상만 갖고 꿈이 이루어진다면 얼마나 좋을까. 그러나 삶의 법칙은 아주 냉혹하고 빈틈이 없다. 삶은 노력하지 않는 자에게는 결코 그가 원하는 것을 주지 않는다.

노력하고, 노력하고 거듭 노력을 해도 이루어지는 꿈보다 그렇지 않은 것이  인생이다. 후반부 인생을 잘 살아가고 싶다면, 그래서 성공적인 인생으로 남고 싶다면 자아를 계발하는 데 열과 성을 다해야 한다. 그리고 나아가 주저하지 말고 자신이 하고자 하는 것을 지금 당장 실행해야 한다. 이에 대해 미국의 심리학자인 윌리엄 제임스William James는 이렇게 말했다.

"우리가 계획한 사업을 시작하는 데 있어서의 신념은 단 하나이다. 지금, 그것을 하라. 이것뿐이다."

윌리엄 제임스의 말은 실행의 의지를 갖고 지금 당장 실행에 옮기라는 것이다. 또한 호레스Horres는 다음과 같이 말했다.

"사람은 노력한 만큼 하늘에서 그 몫을 받는다. 힘들이지 않는 자에게 아무것도 주지 않는 것이 자연의 법칙이다."

그렇다. 굳이 호레스의 말이 아니더라도 이는 누구나 생각할 수 있는 일이다. 하지만 이를 알면서도 실행하지 않으니까 문제인 것이다. 누구에게나 인생은 한 번뿐이다. 전반부의 인생을 잘 살았다 하더라도 후반부의 인생을 잘 살라는 법은 없다. 또한 전반부의 인생을 못살았다고 해서 후반부의 인생을 잘 살지 말라는 법 또한 없다. 전반부 인생은 이미 지나간 인생일 뿐이다. 후반부의 인생을 잘 맞이하고 잘 살아가기 위해서는 자아계발에 더욱 정진해야 한다.

Tip

## 자아계발을 위한 좋은 생각

- 자아의 실현을 위해서는 반드시 자아계발을 해야 한다. 독서를 즐기고, 정보를 수집하여 지식과 정보를 자기 것으로 만들어야 한다.
- 자신에게 부족하다 싶은 것이 있으면 그것이 무엇이든 배워서 자기화해야 한다.
- 한 자리에 머무는 것은 자아를 죽이는 것과 같다. 늘 흐르는 강물처럼 자신을 부지런하게 만들어라.

# 자존감은 나를 지키는 최선의 보루이다

청춘일 때는 기백이 넘치고 무엇이든 하면 된다는 생각에 사로잡히곤 한다. 내적으로나 외적으로 자신감이 넘치고 삶에 대한 두려움도 없는 편이다. 이 모두는 단 한 가지, 자신이 젊다는 것이 그 이유다. 젊다는 것은 그것만으로도 인생에 있어 무기가 될 수 있기에 충분하다. 그래서일까, 자존감自尊感 또한 가장 높은 시기이기도 하다. 자존감은 주체의식을 갖게 하는 마인드로 자존감이 강한 사람일수록 자신에 대해 강한 애착을 갖는다. 그래서 자존감이 강한 사람은 자신이 하는 일에 대해서 강한 집념과 목표의식을 보인다. 그런데 나이가 들수록 자존감은 서서히 하향곡선을 긋는다. 이는 순전히 나이 때문이다. 나이를 먹는다는 것은 세포가 노화되고 기력이 떨어짐은 물론, 앞으로의 인생에 대한 희망마저도 불꺼진 항구처럼 사라지게 한다. 이는 나이를 먹어감에 따라 푸릇푸릇하게 빛나던 자존감이 약화되기 때문이다. 그래서 나이가 들수록 자존감을 잃지 말아야 한다.

## ‖자존감은 생명성이다‖

미국의 심리학자인 윌리엄 제임스는 "자존감selfesteem이란 자신이 사랑받을 만한 가치가 있는 소중한 존재이고 어떤 성과를 이루어낼 만한 유능한 사람이라고 믿는 마음이다."라고 주장하였다. 자존감은 자존심과 자신에 대한 '긍정'이라는 공통점을 갖지만, 좀 더 자세히 살펴본다면 있는 그대로의 모습에 대한 긍정과 경쟁 속에서의 긍정이라는 다른 의미를 지닌다.

자존감이 높다는 것은 자신에 대한 가치를 높이는 데 큰 힘으로 작용한다. 그래서 자존감이 강한 사람은 스스로를 존중하고 격려함으로써 자신을 가치 있는 사람으로 이끌어낸다. 그러나 자존감이 낮은 사람은 낮은 자존감으로 인해 자신에 대한 애착이 그만큼 낮다. 그런 까닭에 스스로를 존중하고 격려하는 데 익숙하지 못하다. 그러다 보니 자신을 가치 있는 사람으로 이끌어내는 데 미흡하다. 자존감이 낮은 사람이 자신을 가치 있는 사람으로 이끌어내기 위해서는 자존감을 높이는 노력이 필요하다. 자존감이 낮은 사람이라고 해서 자신을 가치 있는 인생으로 살아가지 못할 이유가 없다. 자존감이 낮은 사람들 중에도 가치 있는 인생으로 살기를 원하는 사람들이 있다. 이에 대해 정신과 의사인 캐런 호니Karen Horney는 "낮은 자존감은 과도하게 인정받기를 원하고 애정을 갈망하며, 개인적 성취에 대한 극단적인 열망을 표현하는 성격의 발달로 이어진다."고 주장하였다. 또한 오스트리아의 정신의학자이며 심리학자인 알프레트 아들러Alfred Adler에 따르면, "낮은 자존감은 그에 대한 보상으로 스스로 느끼는 열등감을 극복하기 위해 노력하고, 자신들의 강점과 재능을 발달시키기 위해 분투하게 한다."고 말했다.

캐런 호니나 알프레트 아들러의 말을 보더라도, 자존감이 낮은 사람도 자신이 어떻게 하느냐에 따라 자신을 가치 있는 인생으로 살게 한다. 인간에게 있어 자존감이란 매우 중요하다. 이런 관점에서 볼 때 자존감은 그 사람의 생명성과 같다고 하겠다.

그런데 나이를 먹어갈수록 자존감이 없어진다면 그만큼 인생무상을 경험하게 된다. '내 신세가 왜 이 모양이 되었지?'라고 생각하며 연신 한숨을 내쉬고 스스로를 자책하며 하루하루를 비생산적으로 살아간다. 마치 삶을 다 산 사람처럼 아무런 의욕도 볼 수 없다.

진수는 고등학교에서 일어를 가르쳤다. 그러다 55세 때 명예퇴직을 신청했다. 그가 명예퇴직을 한 이유는 건강이 좋지 않아서다. 그는 퇴직 후 규칙적인 운동을 하며 식이요법을 하는 등 철저하게 자신을 관리하였다. 2년 동안  꾸준히 자신을 관리한 끝에 그는 건강을 회복할 수 있었다. 건강을 찾자 그는 무언가를 하고 싶은 욕망에 사로잡혔다. 그러나 57세인 그를 받아주는 곳은 없었다. 그가 자신했던 학원에서 일어를 가르쳐 보려고 했지만 그것마저도 허사가 되자 그는 고민에 휩싸였다. 그런 그를 보고 아내는 마음 편히 지내라고 했지만 그의 가슴은 답답하기만 했다.

그러던 어느 날 오후 산책을 하던 중이었다.

"이보게, 진수?"

진수는 길을 가다 자신을 부르는 소리에 뒤를 돌아보니 지인이 그를 보고 환하게 웃고 있었다. 둘은 인근에 있는 커피숍으로 가 커피를 마시며 얘기를 나눴다. 무언가를 하고 싶다는 진수의 말을 듣고 도서관에서 운영하는 평생학습교실에서 일어강사를 모집하니 알아보라고 했다. 지인과 헤어진 그는 전화를 걸어 문의를 했고, 이력서를 써서 방문해달라는 직원의 말을 듣고 일말의 기대감을 갖고 도서관을 방문하였다.

"고등학교에서 일어를 가르치셨군요."

"네."

"잘됐네요. 그러지 않아도 급하게 강사를 구하던 중이었는데. 이번 주말 내로 연락을 드리겠습니다."

"감사합니다. 불러만 주신다면 열심히 해보겠습니다."

진수의 말에 직원은 빙그레 웃었다. 집으로 돌아오는 그의 발걸음이 마치 구름 위를 걷듯 경쾌하였다. 집으로 돌아온 그의 말을 듣고 아내 또한 환하게 웃음 지었다. 그리고 금요일날 강사에 위촉한다는 연락을 받았다.

그 후 진수는 2년이 넘도록 일어 강사를 하며 즐겁게 생활하고 있다. 물론 강사료는 얼마 되지 않는다. 하지만 돈이 문제가 아니라 그의 삶이 활력으로 넘쳐난다는 것이다. 그는 한때 자존감을 잃고 하루하루를 한숨과 실의 속에 보냈을 때를 생각하면, 지금의 자신이 얼마나 행복한지를 감사하게 여기며 살아간다.

## ‖자신의 전공을 살려 자존감을 지키기‖

퇴직 후 자신의 삶을 보다 활기차게 살아가기 위해서는 자신의 전공을 살리는 것이 매우 중요하다고 하겠다. 왜냐하면 그것은 자신이 무엇보다도 잘할 수 있는 일이기에 언제라도 기회가 주어지면 즉시 실행에 옮길 수 있기 때문이다. 지금 우리 사회는 평생학습이라는 모토 아래 도서관, 주민자치센터 등 공공기관에서 다양한 학습프로그램을 운영하고 있다. 그러다 보니 프로그램을 운영하는 데 가르침을 줄 수 있는 강사를 필요로 한다. 이곳을 방문하여 자신의 전공에 맞는 것이 무엇이 있는지를 알아보고 신청한다면 좋은 기회를 얻을 수 있다.

그리고 백화점이나 대형마트 등 각 기업에서도 자체적으로 운영하는 학습프로그램이 있다. 이곳도 문을 두드린다면 기회를 얻을 수 있다. 하지만 한 가지 마음에 새겨야 할 것은 공공 기관이니만큼 강사료가 적다. 그러나 적은 강사료를 생각하지 말아야 한다. 돈으로는 실현할 수 없는 자아를 실현하게 됨으로써 자존감을 높일 수 있다. 또한 보람된 생활로 인해 삶의 기쁨을 누림으로써 자신을 가치 있는 인생이라고 믿게 된다.

나이가 든다는 것은 마이너스적인 삶으로 하향하는 것만은 아니다. 나이가 든다는 것은 인생을 보다 성숙하게 한다는 의미가 있다. 그런데 문제는 그렇게 되기 위해서는 자존감을 지킬 필요가 있다. 자존감은 어떤 상황에서도 자신을 자신답게 하는 긍정의 마인드이기 때문이다. 그러나 자존감이 무너지면 인생 자체가 와르르 무너지고 만다.

지금 한번 자신을 돌아보라. 나는 자존감이 높은 사람인지, 아니면 낮은 사람인지를. 만약 자신의 자존감이 높은 편이라면 다행이지만, 그렇지 않다면 자존감을 높이는 일에 집중해야 한다. 자존감이 낮을수록 자신을 무가치한 인생으로 여기게 되고 자신을 불행한 사람이라고 여기게 됨으로써 노후를 쓸쓸하게 보내게 된다.

"인생은 그대 자신이 끝까지 살아내는 긴 여행이다."

프리드리히 니체의 말이다.

니체의 말처럼 그 누구나 자신의 인생을 끝까지 살아내야 한다. 끝까지 잘 살아내야 하는 것은 자신의 인생에 대한 예의이다.

이렇듯 훗날 자신의 인생을 잘 갈무리하기 위해서는 자신의 노후를 잘 관리하는 사람이 되어야 한다. 그런 사람이 자신을 스스로 복되게 하는 지혜로운 사람이다.

Tip

## 자존감을 높이는 좋은 생각

- 자존감이 높을수록 인생을 가치 있게 살아간다. 자존감을 높이는 일에 집중하라.
- 자신이 가장 잘하는 일로 자존감을 높여라. 그러기 위해서는 전공을 살리는 기회를 찾는 것이 중요하다.
- 자존감은 스스로 키우는 긍정의 마인드이다. 긍정적인 생각으로 자신을 긍정의 에너지로 가득 채워라.

chapter 2

# 정신적인 풍요를 위해 지적인 즐거움 갖기

# 배우고 싶은 것은 무엇이든 배우기

배움이 소중한 가치를 지닌다는 것은 누구나 다 안다. 사람은 배움을 통해 몰랐던 사실을 알게 되고, 그 앎을 통해 새로운 세계로 나아간다. 배움이 없이는 새로운 세계로 나아가는 데 한계가 있다. 그런데 사람들이 한 가지 잘못 생각하는 게 있다. 일정 기간 동안 학교를 마치면 배움은 다 끝난 걸로 안다는 것이다. 그래서 학교를 마치면 배움과는 담을 쌓고 지낸다.

배움의 시간은 한정되어 있지 않다. 배움이란 어느 일정한 기간 동안만이 아니다. 배움엔 때가 없다. 평생을 배워도 모자란 것이 배움이 지닌 속성이다. 이에 대해 자기계발 동기부여가이자 강연자인 브라이언 트레이시Brian Tracy는 이렇게 말했다.

"평생 배움에 헌신하라. 당신의 정신과 당신이 거기에 집어넣는 것, 그것이 당신이 가질 수 있는 최상의 자산이다."

또한 조 카를로조Joe Carlozo는 다음과 같이 말했다.

"배움을 멈추지 말라. 날마다 한 가지씩 새로운 것을 배우면 경쟁자의 99%를 극복하게 된다."

브라이언 트레이시나 조 카를로조의 말처럼 배움은 평생을 해야 하는 것이다. 단, 그것은 오직 자신이 선택해야 할 문제이다. 특히 나이가 들어 멋지게, 그리고 풍요로운 정신적인 삶을 위해서는 배움에 더욱 열중해야 한다.

## ‖배움은 일정 기간이 아니라 평생 동안 하는 것이다‖

나이 들어 자신의 인생을 멋지게 사는 사람들을 보면 뚜렷한 공통점이 있다. 자신이 원하는 것을 얻기 위해 배우기를 주저하지 않는다는 것이다. 그들은 아무리 바빠도 늘 책을 읽고, 강좌나 강연회에 참석해서 자신에게 필요한 것을 습득한다. 또한 대학의 평생교육원이나 각 언론사 및 도서관, 백화점 문화센터 등 각 기관에서 하는 교육 프로그램에 등록하여 자신이 배우고자 하는 공부에 열중한다. 배움은 사람의 가치를 지금보다 한껏 높여줄 뿐만 아니라 지적인 갈증에서 오는 답답함을 풀어준다. 배움은 새로운 길로, 또는 새로움의 세계로 가게 하는 인생의 빛이며 수단이기도 하다. 배움을 통하지 않고서는 절대로 자신이 원하는 길로 갈 수 없다. 다음은 배움을 통해 성공적인 인생으로 살아가는 아름다운 이야기이다.

노숙자에서 컨설턴트, 강연가이자 저술가, 최고의 자기계발 전문가가 되어 성공적인 인생을 살아가는 브라이언 트레이시Brian Tracy. 그는 어린 시절, 집이 가난하여 먹는 것도 제대로 먹지 못하고, 배우지도 못했다. 그는 일을 거들며 먹을 것을 구하고, 잠잘 곳이 없어 이웃집 창고에서 잠을 자기도 했다. 그는 더 이상 이렇게 살아서는 안 되겠다고 생각했다. 그는 세일을 시작했고, 세일을 잘하기 위해 소문난 세일즈맨을 찾아가 비법을 전수받기도 했다. 그러나 그것은 한계가 있었다. 그는 배움이 절실히 필요함을 느꼈다. 그래서 그는 대학에서 하는 강좌를 찾아다니며 공부를 했다. 그는 강좌를 통해 자신에게 부족했던 것을 보충할 수 있었다. 그리고 그는 자신이 배운 것을 자신이 알고 있는 것에 접목시켜 새로운 자기만의 방법을 연구했다. 또한 그것을 책으로 내고 강연을 시작하였다. 그의 강연은 많은 사람들에게 깊은 영향을 주었고, 그에 대한 소문이 퍼지기 시작했다. 그는 점점 더 바빠졌고 그의 인생에 있어 최고의 순간을 맞이하였다. 그가 낸 책으로는 《전략적 세일즈》, 《판매의 심리학》, 《잠들어 있는 성공시스템을 깨워라》, 《위대한 기업의 7가지 경영습관》 외 다수가 있다.

고등학교도 졸업하지 못한 그가 최고의 자기계발 전문가가 되고, 저술가가 될 수 있었던 것은 오직 배움을 통해서였다.

고등학교만 마치고 직장 생활을 하던 K. 그녀는 직장 생활을 하며 늘 갈등을 하곤 했다. 배움에 대한 갈망 때문이었다. 오랜 직장

생활로 인해 경제적인 어려움은 없었지만 배우지 못한 것에 대한 아쉬움을 안고 살았다. 그녀는 마흔이 넘어 방송통신대학에 입학하여 틈틈이 공부하였다. 직장생활로 피곤함을 느껴 힘든 적도 많았지만 그녀는 자신이 원하는 것을 얻기 위해 이를 악물고 참아냈다. 그리고 마침내 졸업장을 손에 쥐었다.

그런데 그녀는 여기서 머물지 않고 대학원에 등록하여 자신이 하고 싶은 공부를 다시 시작하였다. 친구들과 어울리지도 못하고, 여기저기 놀러 다니지도 못하는 바쁜 생활이었지만 자신의 꿈을 위해 열심히 공부하였다. 그리고 마침내 석사학위를 받았다. 그러자 매사에 자신감이 넘쳐났다. 그녀는 자신이 맡은 일을 누구보다 더 잘해 나갔다. 배움이 주는 자신감 때문이다. 그녀 나이 55세. 그녀는 지금 누구보다도 행복하다.

브라이언 트레이시와 K의 경우를 보더라도 배움을 통해 그들의 삶이 완전히 달라졌음을 알 수 있다. 배움은 삶을 변화시키는 힘이다. 그 힘에 의지해 자신의 인생을 업그레이드시켜야 한다.

## ‖배움은 자신감을 끌어올리는 마법이다‖

배움이 짧은 사람들은 언제나 마음 한구석에 아쉬움이 진하게 남아 있다. 배우지 못한 것에 대한 자격지심 때문이다. 그런데 배움의 아쉬움을 극복하기 위해 배움에 열심인 사람이 있는가 하면, 마음으로만 아쉬워했지 행동으로 옮기지 못하는 사람도 있다. 이는 마인드의 차이에서 오는 현상이다. 배움을 위해 노력하는 사람은 긍정적인 마인드가 강한 사람이다. 그래서 이런 사람은 늦은 나이에도 배움을 위해 열정을 다한다. 그리고 마침내 자신이 원하는 것을 이뤄낸다.

그러나 생각만으로 그치는 사람은 단지 생각에 매여 있다. 이런 사람은 백날 생각만 하다가 끝내고 만다.

"중요한 것은 말하는 것이나 희망하는 것, 바라는 것이나 의도하는 것이 아니라 행동하는 것이다. 당신의 선택이 실질적으로 당신이 어떠한 사람인지를 분명히 말해준다."

이는 브라이언 트레이시가 한 말로 실천의 중요성에 대해 잘 알게 한다. 그렇다. 생각도 중요하지만 그 생각을 행동으로 옮기는 것은 더 중요하다.

나이가 들었다고 배움을 갖지 못할 것도 아니다. 배움은 나이를 따지지 않는다. 배우겠다는 의지와 열의만 있다면 얼마든지 배울 수 있다. 자신의 남은 인생을 좀 더 의미 있고 보람 있게 살기 위해서는 배움을 가까이 해야 한다.

"배우기를 즐기면 그 무언가의 달인이 될 수 있다."

프리드리히 니체의 말이다. 니체의 말은 배움이 인생에 있어 미치는 영향을 잘 알게 해준다. 그만큼 배움은 소중한 것이다.

Tip

## 배움을 위한 좋은 생각

- 나이가 들수록 변화에 대한 감각이 둔화된다. 변화에 뒤처지지 않도록, 늘 변화를 따라가도록 그에 맞는 배움을 가져야 한다.
- 배움엔 때가 없다. 배워야 한다고 느낄 때마다 필요로 하는 것을 배워라.
- 불치하문不恥下問이란 말처럼 배움을 가질 땐 배움을 줄 수 있는 그 누구에게라도 배움을 청해야 한다.

# 갖가지 전시회를 찾아가며 관람하기

문화생활의 저변확대를 위해 그림 전시회, 조각품 전시회, 사진 전시회, 한지 전시회, 판화 전시회 등 갖가지 전시회가 열리고 있다. 물론 서울을 비롯한 수도권과 지방 도시 및 그 외의 지방이라는 지역적 특색에 따른 문화적 차이가 있다. 하지만 지방의 웬만한 도시에서도 갖가지 전시회가 열린다. 이러한 전시회는 관람하는 이의 마음을 편안하게 하고, 정신적인 빈곤에 풍요를 가져다준다. 그래서 기회가 되면 무조건적으로 전시회를 관람하는 것을 생활화해야 한다.

특히, 나이가 들수록 갖가지 전시회를 더더욱 관람해야 한다. 관람을 통해 둔해지고 늘어진 감정을 정서적으로 풍요롭게 하고, 둔화된 뇌세포를 일깨워 뇌의 반응속도가 쌩쌩하게 돌아가도록 해야 한다. 왜냐하면 전시회를 통해 문화적 감성을 높임으로써 이러한 필요성을 충족시킬 수 있기 때문이다. 이에 대해 프랑스 계몽주의 작가인 볼테르Voltaire는 이렇게 말했다.

"인간 정신의 온갖 나태함에도 불구하고 문화는 진보한다."

볼테르의 말에서 보듯 문화는 인간의 정신적 및 정서적인 나태함을 극복하게 하고, 그로 인해 인간의 가치를 드높이는 진보적 힘을 갖는 중요한 삶의 필수요소이다. 이런 이유로 갖가지 전시회를 관람함으로써 정신적으로, 정서적으로 안정감을 유지해야 한다. 그렇게 됨으로써 인간 내면에 잠재되어 있는 야만성을 일깨우고, 인간다운 삶을 더욱 인간답게 가꾸어 갈 수 있는 것이다. 이를 단적으로 지적하는 말이 있다.

"인간은 야만인으로 태어났다. 그러나 문화를 받아들임으로써 짐승으로부터 구제되었다."

이는 스페인의 작가 발타자르 그라시안이 한 말로 문화가 인간에게 미치는 영향을 극단적으로 표현했다고 할 수 있다. 그만큼 인간의 삶에서 문화가 갖는 비중이 크다는 것을 알 수 있다.

나이가 들어갈수록 문화생활을 통해 정신적인 풍요로움을 지향해야 한다. 그것이 젊은 감각을 유지하고 젊게 사는 비결이다.

## ‖문화는 미적 감각을 키우는 가장 근원적인 요소이다‖

물질적으로 풍요로울수록 삶은 더 많은 정신적인 풍요를 원한다. 물질의 풍요를 위해 많은 시간을 쏟아부음으로써 지친 몸과 마음을 따스하고 부드럽게 보듬어 주어야 한다. 그렇지 않으면 몸과 마음이 피폐해져 물질의 풍요가 주는 편리함도 무용지물처럼 여겨지고, 급기야는 인간성의 상실을 불러일으키게 된다. 정서적으로 빈곤하면 아무리 몸에 온갖 화려함의 보석으로 치장을 했다 하더라도 그것은 마치 돼지에게 진주 목걸이를 걸어놓은 것처럼 여겨질 뿐이다.

문화는 미적 감각을 키우는 가장 근원적인 요소이다. 인간의 삶에서 미적 감각은 곧 인간의 정서를 함양하는 수단으로 작용한다. 그리고 그것을 통해 인간은 마음의 평화를 얻음으로써 행복한 삶을 영위하게 된다. 앞에서 말했듯이 나이가 들수록 몸과 마음은 처지고, 그로 인해 정서적으로 메말라 자신의 삶에 대해 불안을 느끼게 되고 허무를 느끼게 된다. 이런 불안한 심리와 허무감을 치유하는 데는 문화가 필수이다. 문화는 메마른 정서를 촉촉하게 채워줌으로써 정서적인 안정을 가져다주는 매체이기 때문이다.

미숙은 오랜 시간 전업주부로만 지냈다. 구청 공무원인 남편을 내조하며 두 아이를 키우는 데만 열정을 다 쏟아왔다. 그녀는 자신을 위해서는 그 어느 것에도 돈을 써보지 않았다. 또한 자신을 위한 시간을 가져 본 적도 거의 없었다. 오직 그녀에겐 남편과 두 아이뿐이었다. 그녀의 정성어린 내조로 국장이 된 그녀의 남편은 건강한 몸으로 근무하고 있고, 그녀의 두 아이 중 딸은 명문대학을 나와 자신이 원하던 대기업에서 근무하고 있으며, 아들 또한 명문대학을 나와 행정고시에 패스하여 5급 공무원으로 근무하고 있다. 그녀의 주변 사람들은 그녀를 부러워해 그녀 또한 그런 자신을 행복하게 여겼다.

그런데 언젠가부터 그녀는 마음 한구석이 마치 바람 빠진 무처럼 허했다. 그녀는 책을 읽어보기도 하고, 자신이 좋아하는 클래식 음악을 들으며 허한 마음을 달래보려고 했지만 그때뿐이었다. 그녀의 마음은 채울 수 없는 그 무엇으로 언제나 허했다.

그러던 중 친구로부터 만나자는 연락이 왔다. 그녀는 오랜만에 친구를 만나러 나갔다. 친구와 만나 점심을 먹고 수다를 떨며 시간을 보냈다.

"미숙아, 너 답답하게 집에만 있지 말고 전시회도 보고 그래. 요즘 볼만한 전시회가 참 많아. 오늘 이렇게 나왔으니 나와 같이 전각 전시회에 가자."

"전각 전시회?"

미숙은 친구의 말에 눈을 반짝이며 말했다.

"응. 그저께부터 하는데 볼만하다고 하더라."

"그래? 그럼 이왕 나온 김에 한번 볼까."

미숙은 친구와 같이 전각 전시회를 보러 갔다. 전시회장엔 의외로 사람들이 많았다. 미숙은 사람들 사이에서 갖가지 전각들을 구경했다. 다양한 전각은 그녀의 마음을 사로잡기에 충분했다.

"네 덕분에 참 좋은 구경했다. 고마워."

"고맙긴. 별소릴 다 한다."

모처럼 좋은 전시회를 봤다며 미숙은 친구에게 고맙다고 말했다. 친구와 헤어져 집으로 오는 길에 그녀는 앞으로는 집에만 있지 말고 전시회를 보면서 마음의 허함을 채워야겠다고 생각했다.

그 후 그녀는 미술전람회를 비롯해 자신이 보고 싶은 것은 모두 다 관람하였다. 어떤 땐 남편과 아이들과 함께 전시회를 찾곤 했다.

그녀는 지금 전각을 열심히 배우고 있다. 이상하게도 전각이 배우고 싶어진 것이다. 그녀는 전시회를 통해 자신의 허한 마음을 채움은 물론 그로 인해 꿈이 생겼다. 전각을 통해 자신의 남은 인생을 멋지게 살고 싶었다. 그녀는 오늘도 집을 나서며 자신의 꿈을 향해 달려가고 있다.

## ‖보는 문화에서 주체가 되는 문화‖

전시회는 보는 것을 주체로 하는 예술이다. 시대의 흐름에 따라 갖가지 전시회가 열리고 있다. 단지 알지 못하고, 관심을 두지 않아서이지 찾아보면 얼마든지 전시회 관람을 즐길 수 있다. 인터넷을 통하면 쉽게 전시회를 여는 곳을 알 수 있다.

여기서 한 가지 주목할 것은 보는 문화를 넘어 내가 주체가 되어 보는 것은 더 큰 의미를 부여한다. 나는 곧 '나의 주체이며 이상'이기 때문이다. 물론 주체가 된다는 것은 쉽지 않다. 그만한 시간과 돈, 열정을 들여야 한다. 그러나 보고 즐기는 것에서 끝나지 않고 그 이상의 것을 얻기 위해서는 그 이상의 열정을 가져야 하는 것은 당연지사다. 세상은 그 어떤 것도 거저 주지 않는다. 거저 바라는 것은 스스로를 나약하게 만들고 졸렬하게 만들 뿐 그 어떤 것에도 전혀 도움이 되지 않는다.

나이 들어가는 것을 안타까워하며 서러워하면서도 자신을 계발하는 데는 매우 무관심하다. 그래놓고 세상을 원망하고 주변 사람들에게 신경질을 부리며 불편하게 하는 사람들도 있다.

모든 것은 자기 하기 나름이다. 정신이 또렷이 살아 있고, 팔다리가 성하고, 기운이 온몸을 타고 흐르는 한 무엇이든 할 수 있는 것이 사람이라는 동물의 속성이다. 무엇을 한다는 것은 그리 어려운 일도 아니며, 이리저리 잴 일도 아니다. 할 수 있다고 마음먹고 시도하면 된다. 이에 대해 심리학자인 앤서니 로빈스Anthony Robins는 이렇게 말했다.

"승자와 패자를 가리는 단 한 가지는 승자는 실행하는 사람이라는 것이다."

그렇다. 앤서니 로빈스의 말처럼 자신이 하는 일을 승리로 이끌려면 그 어떤 순간에도 실행에 옮겨야 한다. 시도하지 않으면 아무것도 할 수 없는 것이 삶의 법칙이다.

내 주변에는 이런 삶의 법칙을 철저하게 적용한 끝에 평범한 주부에서 작가가 된 이들도 있고, 화가가 된 이들도 있고, 한지 공예가가 된 이들도 있고, 동화 구연가가 된 이들도 있고, 비즈 공예가가 된 이들도 있다.

자신의 후반부 인생에 무엇이 되고 싶다면 나이를 잊어라. 나이는 단지 육체의 나이일 뿐 영혼의 나이는 아닌 것이다.

Tip

## 전시회를 통해 자아를 계발하는 좋은 생각

- 전시회는 어디서나 손쉽게 접할 수 있는 문화의 실체이다. 자신만 부지런하면 얼마든지 전시회를 입맛대로 즐길 수 있다.
- 보는 문화는 잠자는 자아를 일깨우는 데 동기부여가 된다. 자신에게 스스로 동기부여가 되어야 한다.
- 스스로 참여하여 문화의 주체가 되어야 한다. 그러기 위해서는 시간과 돈, 열정이 필요하다. 자신의 멋진 인생을 위해 자신의 모든 것을 걸어야 한다. 그것이 가장 확실한 해법이다.

# 공연을 즐거운 놀이처럼 즐기기

경제적 수준이 높아질수록 상대적으로 정신적 빈곤을 느낀다. 이는 물질적인 것에 마음과 몸이 온통 집중을 하다 보니 정신적인 것을 등한시함으로써 파생되는 당연한 일이다. 그 어떤 것도 한 곳에만 치우치면 그에 따른 상대적인 빈곤이 따르게 마련이다.

사람들은 물질만으로 만족하며 살아갈 수 없다. 물질이 주는 경제적 풍요는 삶을 편리하게 하고, 원하는 것을 얻게 하지만, 그렇다고 해서 정신적인 빈곤을 채워주지는 않는다. 정신적인 빈곤은 물질이 아닌 문학이나 음악, 미술 등 예술적인 것으로부터 취해야 한다. 물질이 육체의 건강한 보존을 위한 빵이라면 예술은 영혼, 즉 정신적인 건강을 보존하기 위한 빵이라고 할 수 있다.

나이가 들수록 육체적으로는 체력이 떨어져 기력이 달리고, 정신적으로는 나약해지고 기억력이 가물가물해진다. 자연히 이러다 보니 매사에 의욕이 떨어지고, 그 어떤 일에도 자신감을 상실한다. 물론 사람에 따라 다르지만 대개의 경우가 다 이러하다. 이럴 때 갖가지 공연 등을 통해 정신적인 에너지를 축적함으로써 상상력을 높이고 의욕을 끌어올린다면 보다 더 자신을 활기차게 할 수 있다. 왜냐하면 나이가 들수록 상상력을 통해 정신건강을 강건하게 할 수 있기 때문이다.

"나는 상상력을 자유롭게 이용하는 데 부족함이 없는 예술가다. 지식보다 중요한 것은 상상력이다. 지식은 한계가 있다. 하지만 상상력은 세상의 모든 것을 끌어안는다."

인류역사상 최고의 물리학자로 평가받는 알베르트 아인슈타인 Albert Einstein의 말에서 보듯 상상력 속에서는 무엇이든 할 수 있다. 이런 상상력의 힘이 정신력을 강화시킴으로써 노년의 삶을 건강하게 하는 것이다.

## ‖공연은 인간의 예술적 본능을 충족시키는 정신적 통로이다‖

인간은 정신과 육체가 조화롭게 유지되어야 건강한 몸과 강건한 정신력으로 활기차게 살아갈 수 있다. 정신과 육체의 균형은 인간이 인간답게 살아가게 하는 가장 근원적이면서도 가장 중차대한 문제이다. 정신과 육체의 균형이 깨지면 안락한 삶도 자신의 능력을 발휘할 기회도 모두 잃고 만다. 삶이란 즐거워야 하고 행복해야 한다. 특히, 나이 들어가면서 더더욱 즐겁고 행복하게 살아야 한다. 그렇지 않으면 인생 자체가 불행으로 끝나거나 불행에 가까운 존재로서 남게 될 게 빤하다. 이에 대해 프리드리히 니체는 다음과 같이 말했다.

"즐겁지 않은 것은 바람직하지 않다. 힘겨운 일에서 일단 고개를 돌려서라도 지금을 제대로 즐겨야 한다. 가정 내에 즐겁지 않은 사람이 단 한 사람만  있어도 모든 이가 우울해지고, 가정은 묵직한 어둠이 드리워진 불쾌한 곳이 되어버린다. 그룹이나 조직도 마찬가지다. 가능한 한 행복하게 살아라. 그러기 위해서는 현재를 즐겨라. 마음껏 웃고, 이 순간을 온몸으로 즐겨라."

니체의 말은 삶을 제대로 즐기며 살아야 진정한 삶이라는 것이다. 그렇다. 즐겁지 않은 삶은 행복하지 않다. 그래서 불행하고 불완전한 삶을 살게 되는 것이다. 자신이 행복해지고 싶다면 스스로를 행복하게 하는 일에 열정을 바쳐야 한다.

경인은 두 달 전만 해도 풍요로운 물질을 누리며 살면서도 늘 마음 한구석이 텅 빈 것 같은 공허함에 사로잡혀 있었다. 아무리 좋은 옷을 사 입고, 갖가지 보석으로 치장을 해도 행복감은 잠시뿐, 언제나 늘어났다 원위치로 돌아오는 고무줄 같았다. 그녀는 '삶이 왜 이리도 헛헛할까.' 하며 심리적인 불안감까지 느꼈고, 그날이 늘 그날 같아 쪼그라드는 기분을 느꼈다.

그녀는 젊은 시절 식당을 운영하며 고생 끝에 많은 부를 쌓아 수십억 재산가가 되어 노후를 안락하게 보내고 있다. 그러나 그녀는 힘들게 일하던 그때가 오히려 그리워지곤 했던 것이다. 채울 수 없는 그 허한 마음은 그녀를 쓸쓸하게 하고, 우울하게 하곤 했다.

그러던 어느 날 그녀는 우연히 외출을 했다가 〈친정 엄마〉라는 연극을 보게 되었다. 보려고 해서 본 것이 아니고 그 앞을 지나다 사람들이 우르르 몰려 들어가는 것을 보고 자신도 모르게 그냥 따라서 들어간 것이다. 그녀는 난생처음 보는 연극에 깊이 몰입되었다. 어머니 역의 강부자와 딸 역으로 나오는 전미선의 혼신을 다하는 연기에 그만 푹 빠져버리고 만 것이다. 그녀는 웃다 울다를 반복하며 말로는 형언할 수 없는 묘한 기분에 사로잡혔다. 그녀는 카타르시스를 느낀 것이다. 그녀는 연극을 보고 나오는 길에 카페에 들러 커피를 마시며, '그래, 이제부터는 연극을 보자. 어떤 연극이든 보다 보면 지금은 잘 알 수 없는 것도 알게 되겠지.'라고 생각하며 엷은 미소를 지었다. 창밖으로 내다보이는 일상의 모습이 어제와는 분명 다르다는 것을 느꼈다. 그녀의 가슴이 따뜻해졌다. 그 후 경인은 각종 공연을 섭렵하며 공연에 대한 폭넓은 지식과 견해를 갖게 되었다. 그녀는 자기만족에서 오는 즐겁고 행복한 삶을 온몸으로 즐기며 살고 있다.

## ‖예술은 영혼의 빛이며, 영혼은 예술로 승화된다‖

"우리가 행하는 모든 예술은 견습에 불과하다. 위대한 예술이란 바로 우리 인생이다."

M. C. 리처즈의 말이다. 리처즈의 말처럼 누구나의 인생은 바로 그 사람의 예술이며 위대한 가치가 되어야 한다. 그렇게 될 때 그 사람은 자신의 인생에 부끄럽지 않고 당당한 인생이 될 수 있다. 그리고 나아가 나이 드는 일이 당연하지만 자신의 인생을 잘 마무리 짓는 기회라고 여기며 자신에게 감사하게 될 것이다. 이에 대해 심리학자인 바바라 골든은 이렇게 말했다.

"사람들은 대개 '죽음'이라는 말을 부정하려고 한다. 그래서 직접적으로 '죽었다'라고 말하기보다는 '명이 다했다', '눈을 감았다', '좋은 곳으로 가셨다', '돌아가셨다', '숨이 끊어졌다' 등의 우회적인 표현을 사용한다. 심지어 죽음이라는 단어를 사용하지 않고 장장 두 페이지에 걸쳐 간접적으로 누군가의 죽음을 이야기하는 책을 본 적도 있다. 또한 성형수술, 약물 요법과 같은 방법들로 나이 드는 것을 부정하기도 한다.

죽을 수밖에 없는 인간의 운명을 인정하고 받아들이지 않고는 진정으로 살아 있다고 말할 수 없다. 세월을 부정하기 시작하면 삶에서 얻게 되는 중요한 것들을 놓치게 될 것이다."

바바라 골든의 말처럼 나이 드는 것을 부정하려고 하지 말고 그것을 받아들여야 한다. 그렇게 될 때 현재의 자신을 그대로 들여다

보게 되고, 자신이 무엇을 해야 지금을 보다 더 잘 살아갈 수 있을지에 대해 생각하게 된다. 그리고 자신이 원하는 길을 가게 될 때 나이 드는 일에 감사하게 될 것이다.

예술은 영혼의 빛이며, 영혼은 예술로 승화된다. 따라서 나이가 들수록 예술을 통해 상상력을 키우고, 젊은 감각을 유지해야 하는 것이다.

Tip

## 공연문화를 제대로 즐기는 좋은 생각

- 인터넷을 통해 공연에 대한 전반적인 사항을 자세히 알 수 있다. 인터넷을 생활화하라.
- 공연문화를 통해 상상력을 키우면, 더 젊은 감각을 유지함으로써 노년을 더 행복하게 보내게 된다. 갖가지 공연을 즐기도록 해야 한다.
- 자신이 직접 공연에 참여하는 기회를 가진다면, 봄으로써 즐기는 것보다 몇 배는 더 즐거운 시간을 보낼 수 있다.

# 자신을 사랑할 수 있는 기회를 자신에게 주어라

인간은 자신을 사랑할 의무와 권리가 있다. 인간은 자신을 사랑함으로써 삶에 대해, 사랑하는 일에 대해 더 애착을 갖게 된다. 그리고 그것을 통해 더 큰 행복을 느끼게 된다. 그래서 남의 자유와 평화를 빼앗는 것은 남의 사랑을 빼앗는 것과 같다. 사람들을 보면 크게 두 가지 부류로 나눌 수 있다.

첫째는 자신을 사랑하는 사람들이다. 이들은 자신을 아끼며 자신을 사랑한다. 먹는 것, 입는 것, 그 어느 것도 소홀히 하지 않는다. 자신을 위해서라면 그 어떤 것도 다 하려고 한다. 그래서일까, 이들은 자신에 대한 애착이 무척 강하다. 둘째는 자신을 사랑하지 않는 사람들이다. 이들은 자신을 마치 남 보듯 하려는 경향이 있다. 그래서 자신을 스스로 홀대하여 먹는 것, 입는 것, 그 어느 것도 대충 넘어가려고 한다, 자신을 위해서 그 어떤 것도 잘하려고 하지 않는다.

나이가 들어갈수록 이런 상반된 현상은 더욱 뚜렷이 나타난다. 그래서 자신을 사랑하는 사람들은 더욱 자신을 위해 살려고 한다. 그러나 자신을 사랑하지 않는 사람들은 되는대로 살아갈 뿐이다.

자신은 자신의 주인이 되어야 한다. 그렇게 될 때 자신을 늘 새롭게 하기 위해 노력하고, 자신을 더욱 사랑하게 됨으로써 남은 인생을 위해 최선을 다하게 된다. 이에 대해 프리드리히 니체는 다음과 같이 말했다.

"과거에는 틀림없이 진실이라 생각했던 것이 지금은 잘못된 것으로 여겨진다. 과거에 이것만큼 자신의 확고한 신조라 여기던 것이 이제는 아닐지도 모른다는 생각이 든다. 그 같은 변화는 자신을, 자신이 어려서, 깊이가 없어서, 세상을 몰라서라는 이유로 그저 묻어두지 마라. 그 무렵의 당신에게는 그렇게 사고하고 느낄 필요가 있었기 때문이다. 당시의 수준에서는 그것이 진리며 신조였다. 인간은 늘 껍질을 벗고 새로워진다. 그리고 항상 새로운 생을 향해 나아간다. 그렇기에 과거에는 필요했던 것이 지금은 필요치 않게 되어버린 것에 불과하다. 그러므로 스스로를 비판하는 것, 타인의 비판에 귀 기울이는 것은 자신의 껍질을 벗는 일과 다름없다. 한층 새로운 자신이 되기 위한 탈바꿈인 것이다."

니체의 말처럼 젊은 시절의 삶의 방법과 나이가 들어가면서의 삶의 방법은 분명 다르다. 그때마다 그에 맞는 삶의 방식이 있는 법이다. 그러기에 나이가 들어가면서는 거기에 맞는 새로운 변화를 꾀해야 하는 것이다.

## ‖자신을 사랑하는 자만이 진정한 행복을 느낄 수 있다‖

나이가 들수록 뚜렷이 느끼게 되는 것이 있다. 첫째는 시간이 너무 빨리 지나간다는 것이다. 이상하게도 하루가 번개처럼 지나가는 것처럼 여겨져 가뜩이나 나이 들어가는 것에 대한 초조함을 극대화시킨다. 그래서 이구동성으로 이렇게 말한다.

"왜 이렇게 시간이 빨리 가지? 하루가 뚝딱하고 가 버렸네."

그렇다. 나이가 들수록 시간이 빠르게 지나간다는 것을 느낀다. 물론 그렇다고 시간이 빠르게 지나가는 것은 아니다. 다만 그렇게 느낄 뿐이다. 그렇다면 무엇 때문에 시간이 빠르게 지나가는 것처럼 느끼는 것일까. 이를 연구한 과학자들에 의하면 기분 좋을 때 분비되는 도파민의 영향 때문이다. 도파민은 새로운 것을 학습할 때나 기분 좋은 보상이 주어질 때 분비되는데, 선조체 돌기 신경세포의 활성은 이 도파민의 유무에 따라 크게 달라진다. 도파민이 많을 때에는 활성이 강해져 선조체의 회로가 빠르게 진동하는 반면, 도파민이 적을 때는 활성이 낮아져 천천히 진동한다. 즉, 도파민이 많이 분비될 때에는 시간에 대한 내 안의 기준이 빠르게 돌아가니 상대적으로 바깥세상의 모든 것이 느리게 느껴지고, 반대로 도파민이 적게 분비될 때에는 바깥세상의 모든 것이 빠르게 느껴지는 것이다. 사람의 뇌는 나이가 들수록 적게 생성되고, 도파민에 반응하는 능력도 줄어든다. 과학적으로 입증된 연구결과이다 보니 시간이 빠르게 지나가는 것은 느낌일 뿐 아무것도 아닌 것이다. 그러기에 여기에 자극을 받을 필요는 없다.

둘째는 시시때때로 인생무상人生無常을 느끼곤 한다. 지금껏 자신의 인생을 잘 살아왔든 그렇지 않든 삶에 무상함을 느끼는 것은 다 똑같다. 왜 그럴까. 그것은 죽음의 시기가 점점 더 가까워 온다고 느끼기 때문이다. 그러기 때문에 이에 대해 좀 더 냉정하게 생각할 필요가 있다. 그렇지 않다면 그 생각에 갇혀 우울증에 빠질 수 있고, 자신의 인생을 소홀히 할 수 있다. 자신의 인생을 좀 더 멋지게 살고 싶다면 인생의 무상함에서 벗어나야 한다.

셋째는 마치 자신을 잉여인간처럼 느끼곤 한다. 그렇다. 나이가 들면 자신감을 상실하게 되고, 기력이 쇠하여지다 보니 자신을 쓸모없는 사람처럼 여기게 된다. 자연히 이러다 보니 자신이 남아도는 잉여인간처럼 여기게 되는 것이다.

나이가 들수록 갖게 되는 공통된 현상에 대해 알아보았듯이 이는 남자든 여자든 비슷하다. 시간이 빠르게 가는 느낌, 인생의 무상함에 대한 느낌, 잉여인간처럼 느껴지는 기분을 떨쳐내기 위해서는 자신을 사랑하는 마음으로 자신을 격려하고 사랑해야 한다. 왜냐하면 자신을 사랑하는 자만이 진정한 행복을 느낄 수 있기 때문이다.

"자신을 사랑하는 것이야말로 평생 지속되는 로맨스이다."

영국의 소설가 오스카 와일드Oscar Wilde의 말이다. 이 말에서 보듯 자신을 사랑하는 것은 자신에 대한 지극한 애정이 없이는 할 수 없다. 그러기에 자신을 사랑할수록 진정으로 행복할 수 있는 것이다.

## ‖자신을 사랑하고 자신을 격려하기‖

자신에게 만족감을 갖는 사람들은 대개가 자신을 지극히 사랑한다. 자신을 사랑하는 사람은 자존감이 강하고 자기애가 강하기 때문이다. 나이가 들수록 자신에게 만족감을 갖고 살기 위해서는 자신을 사랑하고 격려하는 데 인색함이 없어야 한다. 이에 대해 혹자는 자신이 자신을 사랑하고 격려하다 보면 오만에 빠지고 타인에 대한 배려가 무뎌질 수 있다고 말한다. 그러나 그것은 성숙하지 못한 사람들에게나 해당되는 것이지 누구에게나 해당되는 말은 아니다.

### 자신을 사랑하고 격려하는 법

- 스스로를 인정하는 마음을 가져라. 그러면 자신을 확신하기 위해 최선을 다하게 된다.
- 가장 좋은 옷으로 자신을 치장하라. 멋에서 오는 자신감이 더욱 자신을 당당하게 해준다.
- 늘 책을 곁에 두고 읽어라. 책은 당신을 지적으로 만들어준다.
- 게으름을 경계하라. 게으름은 당신의 능력을 무용지물로 만들어 버린다.

- '너는 잘할 수 있어. 너는 반드시 잘해 낼 거야.'라고 늘 자신에게 격려하라.
- 언제나 긍정적으로 말하고 긍정적으로 행동하라. 긍정은 곧 자기애를 높이는 가장 확실한 수단이다.
- '잘 안 될 거야. 나는 할 수 없어.'라는 말은 입 밖으로 내지 말라. 자기부정은 곧 자기부인이다.
- 정체성을 잃지 않도록 해야 한다. 나는 누구인가를 통해 늘 자신의 존재감을 확인하라.
- 자신을 위해 시간과 돈을 투자하라. 그것은 곧 몇 배 또는 그 이상의 결과를 당신에게 되돌려 줄 것이다.
- 쓸데없이 남과 경쟁하지 말라. 그것은 힘만 빼게 하고 당신을 일찍 지치게 하는 비생산적인 일이다.
- 건강을 위해 투자하라. 건강을 잃으면 모든 것이 풍요롭다 해도 다 소용없는 일이 되고 만다.
- 지금과 다른 삶을 살고 싶다면 새로운 변화를 두려워하지 말고, 그 변화를 리드하라. 그러기 위해서는 항상 공부하고 새로운 정보를 축적하라.

자신을 사랑하고 격려하는 12가지에 대해 알아보았다. 자신에게 이를 엄격하게 적용하여 실행할 수 있다면 나이가 들어도 젊은 마인드로 자신의 인생을 지금보다 더 나은 모습으로 바꿀 수 있다. 삶은 누구에게나 지금과 다른 삶을 준비하고 기다린다. 그러나 그 삶은 자신을 사랑하고 열정을 다하는 사람에게만 기쁨의 선물이 되어 준다.

Tip

## 자신을 사랑하고 격려하는 좋은 생각

- 자신을 사랑하는 자만이 자신이 원하는 것을 취할 수 있다. 그것은 곧 생산적이고 창의적인 에너지이기 때문이다.
- 언제나 '아니오'는 금물이다. 이는 곧 자신에 대한 부정이다. 언제나 '예' 하고 말하라. 그것은 곧 긍정이며 자기 확신이다.
- 누구나 할 수 있는 일은 나도 할 수 있다고 믿어라. 그러나 그 이상을 넘어야 한다. 그래야 자신이 추구하는 것을 이룰 수 있다.

# 몸과 마음을 평안하게 하기

사람은 몸과 마음이 평안할 때 더한 행복을 느낀다. 몸과 마음의 평안은 정신적인 안정을 가져오기 때문이다. 복잡한 현대 사회구조 속에서 살다 보면 갖가지 스트레스로 인해 몸과 마음은 지칠 대로 지쳐 작은 충돌에도 쉽게 분노하게 되고, 심하면 이성을 잃기도 한다. 그러다 보니 가정에서도, 직장에서도 스트레스의 연속이다. 이웃 간에도 그렇고, 지하철 안에서도 그렇고, 배려심이라고는 찾아보기 힘들다.

나이를 먹다 보면 몸과 마음을 더더욱 평안하게 해야 한다. 나이를 먹는다는 것은 죽음의 자리에 더 가까워진다는 것을 의미하기 때문에 여기서 오는 불안감이 크다. 그로 인해 심하면 우울증에 빠지기도 하고 건강에 문제가 생기는 일도 종종 있다. 그리고 잔걱정이 많아진다. 별것 아닌 일에도 신경을 곤두세우게 되고, 작은 걱정에도 전전긍긍한다. 잔걱정의 위험성에 대해 미국의 저명한 의사 조지 W. 크라일 박사는 다음과 같이 말했다. "우리는 마음으로만이 아니라 심장과 폐와 내장으로도 걱정을 한다. 그러므로 걱정이나 근심의 원인이 무엇이든 간에 그 영향은 세포와 조직과 신체의 각 기관에 나타나는 것이다."

크라일 박사의 말은 잔걱정이 인체에 미치는 영향이 얼마나 위험한 것인지를 잘 보여준다. 이처럼 소소한 걱정과 근심으로부터 벗어나기 위해서는 가급적이면 스트레스를 멀리하고 몸과 마음을 평안하게 해주어야 한다. 더구나 나이가 들수록 면역력이 떨어지고, 기력이 쇠하여지기 때문에 몸과 마음을 평안하게 해주어야 하는 것이다.

## ‖몸과 마음이 평안해야 자신을 행복하게 할 수 있다‖

잔걱정은 행복한 삶을 파괴시키는 부정 바이러스이다. 잔걱정이 많은 사람은 스트레스에 취약하고, 작은 걱정에도 심한 스트레스를 받는다. 자연히 이러다 보니 몸과 마음은 심약해지고 그로 인해 우울증에 빠지게 되고 건강에 이상이 생겨 병으로 고생하는 경우가 많다. 잔걱정은 몸과 마음을 파괴시키는 요괴와 같다. 《적극적인 사고 방식》의 저자이자 저명한 자기계발 동기부여가인 노만 V. 필 박사는 잔걱정의 위험성에서 벗어나는 방법에 대해 다음과 같이 제시하였다.

### 잔걱정을 물리치는 법

- 걱정은 매우 위험한 마음의 습관이다. 나는 어떤 습관도 변화시킬 수 있다고 자신에게 다짐하라.
- 사람들은 걱정을 함으로써 걱정의 노예가 된다. 독실한 신앙의 습관을 들여라. 그렇게 될 때 걱정으로부터 벗어날 수 있다. 모든 힘과 의지를 다해 신앙의 습관을 실천하라.
- 매일 아침 잠자리에서 일어나 "나는 나를 믿는다."라는 말을 세 번씩 소리 내어 외쳐라.
- 오늘 하루를, 내 생명을, 내가 사랑하는 사람을, 나의 일을 신의 손에 맡겨라. 신의 손엔 악함이 없다. 신의 손엔 선함뿐이다. 어떤 일이 일어난다고 해도, 무엇이 되더라도, 내가 신의 손안에 있다면 그 무엇도 두려워하지 말라.
- 소극적으로 말하지 말고 적극적으로 말하라. 항상 적극적인 행동과 긍정적인 말만 하라. 그 어떤 일도 적극적으로 행하라.

  "오늘 재수 없는 날이 될 것 같다."는 말 대신 "오늘은 즐거운 날이 될 것이다."라고 말하라.
- 대충대충 말하고 일하지 말라. 비판적인 말이나 행동을 하지 말라. 압박감을 주는 분위기를 조성하지 말고 희망과 행복을 느끼도록 말하고

행동하라.

- 걱정이 많은 사람의 마음엔 우울함, 패배감, 부정적인 생각으로 꽉 차 있다. 이것을 마음으로부터 몰아내고 행복과 희망적이고 긍정적인 생각으로 가득 채워라.
- 희망으로 가득 찬 사람과 교류하라. 창조적이고 낙관적인 사람과 소통하라. 긍정적이고 능동적으로 행동하라. 그리고 그런 사람을 자신의 주변에 배치하라.
- 걱정으로 힘들어하는 사람을 도와주라. 남을 도와줌으로 그 걱정에서 해방될 수 있음을 믿어라. 남을 도와주다 보면 자신의 마음에도 용기와 희망이 싹트는 것이다.
- 매일 자신이 예수 그리스도의 협력자가 되어 살아간다고 생각하라. 그리고 예수께서 자신의 곁에서 함께한다고 믿어라. 모든 것은 믿는 대로 됨을 믿어라.

노만 V. 필 박사의 잔걱정을 물리치는 법을 마음에 새겨, 잔걱정이 들 때마다 실천해보는 것도 몸과 마음을 평안히 하는 데 큰 도움이 될 것이다.

"마음을 혼란시키는 내적 갈등의 대부분은 인생을 통제하고자 하는 욕망과 지금과는 다른 식으로 변해야 한다는 생각에서 비롯된다. 하지만 인생이 항상 자신이 원하는 방향으로만 흘러가는 것은 아니다. 실제로 그러한 경우는 무척 드문 게 현실이다.

인생이 어떠해야 한다고 미리 결정하는 그 순간부터 새로운 것을 즐기고, 배울 수 있는 기회와는 점점 멀어진다. 게다가 위대한 깨달음의 기회가 될지도 모르는 현실의 순간을 소중하게 생각하는 것조차 가로막는다.

아이들의 불평이나 배우자의 반대의견에 부정적으로 대응하기보다는 마음을 열고 그 순간을 있는 그대로 받아들이자. 그들이 자신의 뜻대로 행동하지 않는다고 해서 화내는 것은 무슨 소용이 있겠는가.

일상생활의 어려움 속에서 마음을 여는 법을 터득한 사람에게는 자신을 괴롭혔던 많은 문제들이 더 이상 골치 아픈 존재가 아닌 것이다.

마음의 눈이 더욱 깊고 투명해진다. 인생의 전투가 될 수도, 혹은 자신이 공 노릇을 하는 탁구 시합이 될 수도 있다. 하지만 순간에 충실하고 있는 그대로를 수용하고 만족한다면 따뜻하고 평화로운 감정이 찾아들기 시작할 것이다."

이는 미국의 소설가 리처드 칼슨Richard Carlson이 한 말로 순리를 거스르지 말고 자신에게 주어진 환경 속에서 만족하는 자세를 갖는다면 마음속에 따스하고 평화로운 감정, 즉 평안이 깃들므로 지금 자신의 삶에 행복할 수 있다는 말이다. 옳은 말이다. 나이가 들수록 자신에게 주어진 환경 속에 순응하며 잔걱정으로부터 자신을 지켜내는 적극적인 자세를 가져야 한다.

## ‖몸과 마음을 튼튼하게 하는 힘‖

나이가 들수록 몸과 마음을 튼튼하게 한다는 것은 노년의 삶을 효과적으로 살 수 있는 큰 힘이 된다. 모든 병은 몸과 마음이 약할 때 찾아오는 반갑지 않은 손님인 까닭에 몸과 마음을 튼튼하게 하는 것은 매우 중요하다. 몸과 마음을 튼튼하게 하기 위해서는 어떤 상황에서도 자신의 내면을 지켜내야 한다. 그러기 위해서는 자기를 극복하는 힘을 길러야 하고, 심신을 굳건히 하는 마음의 자세를 길러야 한다.

"고요한 곳에서 고요한 마음을 지키는 것은 참다운 고요함이 아니다. 소란한 가운데서 고요함을 지켜야만 심성의 참 경지를 얻으리라. 즐거운 가운데서 즐거운 마음을 지니는 것은 참다운 즐거움이 아니다. 괴로운 곳에서 즐거운 마음을 얻어야만 마음의 참모습을 볼 것이다."

이는 《명심보감》에 나오는 말로 소란함 속에서 고요를 지키고, 괴로움 속에서 즐거움을 누려야 참마음을 얻는다는 것이다. 다시 말해 시끄러움과 고통이 따르는 삶에서 고요함을 얻고 즐거움을 얻을 때 참 평안을 얻을 수 있다는 말이다. 이런 적극적인 삶의 자세야말로 나이 드는 데서 오는 스트레스와 우울을 날려버리고 현재의 삶에 감사하며 자신이 원하는 삶의 방향으로 나아갈 수 있는 것이다.

몸과 마음을 튼튼하게 하기 위해서는 다양한 독서를 즐기고, 고요한 마음으로 명상을 즐기고, 산책을 통해 깊은 사색을 즐기고,

봉사활동을 통해 즐거움을 얻고, 자신에게 맞는 운동을 통해 몸을 강건하게 해야 한다. 이러한 생활 가운데에서 몸과 마음은 튼튼하게 길러지게 되고, 자신감이 넘치는 나이 듦의 즐거움을 갖게 될 것이다.

Tip

## 몸과 마음을 평안하게 하는 좋은 생각

- 몸과 마음을 흐트러뜨리는 것은 스트레스다. 갖가지의 스트레스를 자신의 방식대로 풀 수 있도록 푸는 방법을 계발하라.
- 일상생활에 있어 잔걱정으로부터 벗어나도록 해야 한다. 그러기 위해서는 매사를 긍정적으로 생각하고 긍정적으로 행동해야 한다.
- 수시로 지친 몸과 마음을 편히 해야 한다. 그렇지 않으면 반복된 피로로 정신적 고통에 시달릴 수 있다. 그리고 나아가 건강에 문제를 일으키게 된다.

# 지금보다 더 많이 감사하고 감사하라

살아가면서 자신에게, 가족에게, 타인에게, 그리고 자신이 속한 직장과 사회에 감사하는 마음으로 산다는 것은 매우 행복한 일이다. 감사는 고마운 마음을 상대에게 전하는 아름다운 행위이기 때문이다. 그런데 문제는 감사를 잘하지 않는다는 것이다. 감사는 자신에게나 상대에게 즐거움을 주고, 서로의 관계를 끈끈하게 맺어주는 아름다운 행위이다. 그런데도 감사에 인색하다. 매사에 감사해야 한다. 감사할수록 유대관계가 좋아지고 건강한 삶을 살아갈 수 있다. 이처럼 감사는 단지 고마움에 대한 마음의 표현이 아니라 서로를 단단하게 동여매주는 수단인 것이다. 또한 건강한 삶도 가져다준다.

"이 세상에 존재하는 모든 사람, 장소, 사물, 생각, 사건들은 당신이 꿈꾸는 완전한 삶을 이루는 데 꼭 필요한 부분들이다. 역경 속에는 반드시 숨겨진 축복이 들어 있고, 일보 후퇴는 새로운 도약을 위한 준비이다. 이것이 바로 감사이다."

이는 자기계발 컨설턴트인 존 디마티니John Demartini의 말인데, 이를 보면 역경 속에서도 굴하지 말고, 그 어느 때라도 감사를 하라는 것이다. 그렇게 될 때 삶은 더 큰 행복으로 다가온다. 특히 나이가 들수록 더 많이 감사해야 한다. 감사를 통해 나이 들어가는 우울함을 벗을 수 있고, 남은 인생을 위해 최선을 다하게 된다. 감사는 자신의 영화로운 인생을 위한 축배와 같은 것이다.

## ‖감사함이 많을수록 행복한 사람이다‖

"감사합니다."

감사하다는 말이 왜 이리도 정답고 친근하게 다가오는 걸까. 그것은 감사의 말 속엔 따뜻한 긍정의 에너지가 들어 있기 때문이다. 그래서 감사를 잘하는 사람들은 얼굴 표정이 밝고 친절하다. 언제나 같은 상황에서도 낙관적으로 생각하고 말하고 행동한다. 감사를 잘하는 사람과 함께하면 기분이 좋아지고 무엇이든 긍정적으로 생각하게 된다. 하지만 감사를 잘할 줄 모르는 사람들은 매사를 부정적으로 생각하고, 얼굴 표정이 어둡고 불친절하다. 그래서 같은 상황에서도 부정적으로 생각하고 비관적이다. 감사하는 마음으로 산다는 것은 자신을 사랑하는 일이며, 타인들에게 좋은 이미지를 심어주는 긍정의 마인드이다.

미국에서 가장 성공한 흑인 여성의 대명사 오프라 윈프리Oprah Winfrey. 그녀는 웃음과 감동을 주는 토크쇼 '오프라 윈프리 쇼'의 진행자로 유명했다. 또한 그녀는 엄청난 부와 명성을 한 몸에 지닌 채, 미국인들의 존경과 부러움을 사고 있다. 이런 그녀도 어린 시절엔 지독한 가난의 굴레에서 항상 자유롭지 못했다.

그녀는 10대 미혼 부모 사이에서 태어났다. 하지만 철없는 부모 손에서 자란다는 것은 그녀에겐 꿈에 불과했다. 그녀의 부모는 아기를 놔둔 채 고향을 떠났다. 그녀는 엄한 할아버지와 할머니 슬하에서 어린 시절을 보낼 수밖에 없었다. 그러다 어머니가 살고 있는 밀워키로 이사했지만, 가난은 여전히 진드기처럼 그녀를 놓아주지 않았다. 그리고 불의한 일을 당해 14살, 어린 나이에 아기를 낳았지만 곧 죽고 말았다.

어린 그녀에겐 하나에서부터 열까지 모든 것이 시련이었고, 눈물이었고 아픔이었다. 어느 것 하나 그녀를 행복하게 하는 것은 없었다. 그러나 그녀는 절망하지 않았다. 모든 것을 받아들이며 자신의 새로운 인생을 위해, 새로운 모색을 위해 탐구하고 노력했다. 그렇게 해서 새롭게 시작한 일이 라디오 방송국 일이었다. 하지만 그녀는 거기에 만족하지 않고 자신의 꿈을 이루기 위해, 대학 졸업도 미루고 TV뉴스를 맡아 최선을 다했다. 그러면서 차츰 그녀는 알려지기 시작했다. 그러자 그녀에게 새로운 기회가 찾아왔다. 그녀가 토크쇼를 진행하게 된 것이다.

오프라 윈프리의 토크쇼는 시카고에서 단번에 시청률을 높이며 시청자들의 눈길을 사로잡았다. 지금과는 다른 새로운 구성과 화법에서 오는 그녀만의 독특한 개성이 먹혀들었던 것이다.

하지만 그런 가운데 시련도 있었다. 저속한 내용을 다루었다는 비판을 받기도 했고, 대리모를 사칭한 여성의 출연으로 비난을 받기도 했다. 이러한 일은 공정성과 공익성을 최우선으로 하는 방송에서는 있을 수 없는 일이다. 그것은 시청자들을 기만하는 일이며 신뢰성을 깨는 일이므로 방송인에게는 치명적인 일이다.

그러나 그녀는 게스트에 대한 따뜻한 관심과 배려로 시청자들의 공감을 샀고, 그녀의 인기는 그녀의 인간적인 면모만큼이나 급상승했다. 마침내 그녀의 토크쇼는 미국인 누구나 즐겨보는 인기 프로그램이 되었고, 그녀는 약자를 위한 대변과 노력으로 자신의 의지를 하나씩 펼쳐 보이며, 미국 국민들의 존경을 한 몸에 받았다.

그 일례로 1998년 실시한 미국에서 가장 영향력 있는 여성 중 힐러리 클린턴에 이어 2위에 뽑혔다. 그리고 〈포브스〉가 연예인과 스포츠 스타, 작가, 영화감독 등 소득과 명성을 기초로 선정한 2007년, 2008년 '세계의 가장 영향력 있는 유명인사 100인'에 연이어 1위를 차지하였다.

오프라 윈프리는 단순한 엔터테이너가 아니다. 그녀는 피부와 인종을 뛰어넘은, 모든 여성들의 꿈의 대상이며 실체이다. 그녀가 진행하는 '오프라 윈프리 쇼'는 2002년까지 30회의 에미상을 수상하는 영예를 안았다. 또한 그녀는 영화 '컬러 퍼플'에 출연하여 골든글로브상을 수상하고, 미국 아카데미시상식에서 여우조연상을 수상했다. 그녀가 이룬 이 놀라운 결과는 그녀의 땀과 신념, 그리고 용기와 믿음이 이루어낸 향기로운 결실이다.

오프라 윈프리는 그런 공로를 인정받아 워싱턴의 흑인대학인, 하워드대학으로부터 명예박사 학위를 받았다. 이 자리에서 그녀는 "인생에서 많은 상을 받았지만, 자기 자신에게 존중받는 것 이상의 상은 없다. 본래 자신의 모습을 파는 노예가 되지 말아야 한다."고 말했다. 그녀의 말이 끝나자 2,200명의 졸업생과 행사장을 가득 메운 축하객 3만 명으로부터 아낌없는 박수를 받았다.

모든 것을 다 이룬 것 같은 그녀에게는 또 하나의 꿈이 진행되고 있다. 그것은 자기 이름을 내건 '오 더블유 앤OWN' 케이블방송을 출범시키는 일이다. 그녀는 수많은 시련을 겪었지만 그 시련을 열망의 불꽃으로 승화시킨 희망의 성녀이다.

오프라 윈프리가 성공할 수 있었던 데에는 중요한 비밀이 있다. 그것은 그녀가 매사에 감사했다는 것이다. 그녀는 자신이 하는 일, 자신이 만나는 사람들, 그리고 자신에게 주어진 모든 것이 잘되게 해달라고 감사하며 기도했다. 그녀는 자신의 감사에 대한 믿음에 대해 이렇게 말했다.

"당신이 바라는 것이 확장되기를 추구한다면, 그리고 인생의 행복을 추구한다면, 당신은 원하는 것보다 더 큰 것을 이뤄낼 수 있다. 내 인생에서 어떤 일이 일어나든 감사하는 법을 배웠을 때, 기회, 사람들과의 관계, 심지어는 부富까지도 내게로 다가왔다."

오프라 윈프리는 자신의 말대로 감사하며 최선을 다한 끝에 오늘의 그녀로서 성공할 수 있었던 것이다.

감사와 고마움이 무럭무럭 자라도록 하라.
그것이 생활의 습관이 되게 하라.
누구에게나 감사하라.
고마움을 잃게 되면,
사람은 행한 일들에 대해 감사하게 된다.
할 수 있었지만
못한 일에 대해서도 고마움을 느낀다.

어떤 이가 도와주면 그대는 고마워하는데
그것은 단지 시작에 불과하다.
그다음에는 누군가가
그대에게 해를 끼칠 가능성이 있는데도
그렇게 하지 않은 것에 감사하게 된다.

상대방이 그렇게 하지 않은 것이 고마운 것이다.
일단 감사에서 생기는 감동은
마음속 깊이 가라앉혀 두면
그대는 모든 것에 고마움을 느끼게 된다.

그리하며 고마움을 느끼면 느낄수록
불평과 투덜거림은 훨씬 더 줄어들게 된다.
불평이 사라지면 고통도 사라진다.
고통은 불편과 더불어 있으며
불평하는 마음도 함께 연결되어 있다.
고통은 감사하는 마음과 공존할 수 없다.
이것이 배울 만한 가장 중요한 비밀들 중의 하나이다.

이는 인도의 철학자 오쇼 라즈니쉬Osho Rajneesh가 한 말로 감사하는 마음이 삶에 미치는 영향이 얼마나 긍정적으로 작용하는지를 잘 알게 한다.

나이가 들수록 삶에 감사해야 한다. 그리고 그 감사함을 자신뿐만 아니라 타인들과 함께 나누어야 한다. 그렇게 함으로써 나이 듦이 인생의 길에서 도태되는 것이 아니라 자신의 인생을 더욱 성숙하게 한다는 것을 알게 됨으로써 더한 행복을 느끼게 될 것이다.

## ‖감사는 자신의 인생에 대한 예의며 긍정적인 작용이다‖

"어떤 일을 할 때 우리는 현재 가지고 있지 않은 일에만 주의를 기울인다. 하지만 그 일이 이미 일어났다고 생각하면, 우리는 그것을 현실로 가시화할 힘을 내게 된다. '감사'가 가장 핵심적인 요소이며, 이만큼 중요한 것은 없다."

이는 세계평화전문가인 제임스 퉈먼의 말이다. 퉈먼의 말에서도 보듯 감사는 모든 일에 있어 긍정적으로 작용한다는 것을 알 수 있다. 나는 여기에 하나를 더 덧붙여 감사는 자신의 인생에 대한 예의라고 생각한다. 사람들 중엔 감사의 소중함을 알고 매사에 감사하며 사는가 하면, 감사의 소중함을 모르고 제멋대로 사는 사람들이 있다. 그리고 그들은 이렇게 말한다.

"감사할 일이 있어야 감사하죠."

참으로 오만하고 발칙한 말이 아닐 수 없다. 어떻게 자신의 인생에 대해 그렇게 말할 수 있단 말인가. 그것은 자신의 인생에 대한 배반이며 배은망덕이다. 감사하는 것에 대해 알아보는 것은 매우 의의가 있는 일이다.

### 감사에 대한 아름다운 생각

- 지금까지 잘 살아올 수 있음에 감사하자.
- 현재 자신이 하는 일에 대해 진실로 감사하자.
- 가족이 함께함을 마음 깊이 감사하자.
- 푸른 하늘과 맑은 공기를 매일 바라보고 마실 수 있음에 감사하자.
- 누군가에게 도움을 줄 수 있음에 감사하자.
- 자유와 평화를 누리며 살고 있음에 감사하자.
- 차를 마시며 마음의 여유를 즐길 수 있음에 감사하자.

• 따뜻한 집에서 등 따습게 지낼 수 있음에 감사하자.
• 누군가로부터 위안을 받고 용기를 낼 수 있음에 감사하자.
• 날마다 일용할 양식을 먹을 수 있음에 감사하자.

감사에 대한 아름다운 생각 10가지에 대해 알아보았지만, 이외에도 자신이 생각하기에 따라 얼마든지 감사에 대한 아름다운 생각을 할 수 있다. 결론적으로 말해 감사하는 일이 많은 사람일수록 아름다운 인생이다. 당신은 어떤 인생이길 원하는가. 그에 대한 답은 당신이 쥐고 있다. 그 답이 당신을 진정으로 행복하게 하길 바란다.

Tip

## 감사하며 사는 인생이 되는 좋은 생각

- 자신에게, 혹은 타인에게 감사하며 사는 인생이 아름답다. 매사에 감사하고 감사하라.
- 삶은 감사하며 사는 자를 좋아한다. 그런 사람은 누구에게든지 필요로 하는 사람이기 때문이다.
- 감사는 긍정의 에너지이다. 긍정의 에너지를 얻고 싶다면 감사하는 일을 만들어라. 감사하는 만큼 행복을 얻게 될 것이다.

chapter 3

# 후회하지 않는 오늘의 내가 되기

# 과거의 잘못에 매이지 않기

사람들은 대개 어떤 시기가 지나고 나서 후회를 하곤 한다. 특히 나이가 들수록 이런 현상은 더 두드러지게 나타난다. '그때 좀 더 잘할걸.', '지금의 내가 그때의 나였더라면' 하고 입버릇처럼 말하곤 한다.

사람이 살다 보면 잘하는 일도 있지만 실수를 거듭하고 그로 인해 고통을 겪기도 한다. 이런 일은 과신을 하거나 지나친 욕심에서 일어나기도 하지만, 자신의 의도와는 전혀 다른 상황에서 일어나기도 한다. 그러므로 잘못이나 실수에 대해 자신을 자책하며 괴롭히는 것은 바람직하지 않다. 보다 중요한 것은 자신의 잘못과 실수에 대해 무엇이 문제였는지를 되짚어봄으로써 다시는 같은 잘못이나 실수를 반복하지 않으면 된다.

"실수는 아무리 열심히 믿어도 결코 진리로 변하지 않는다. 많은 자유가 있는 곳에 많은 실수가 있기 쉽다. 실수를 범해도 대수롭지 않게 생각하는 사람만큼 자주 실수를 범하는 사람은 없다. 실수를 범하지 않는 쪽보다 실수를 고백하는 쪽이 더 훌륭한 경우가 많다.”

이는 미국의 정치가이자 웅변가인 잉거솔Ingersoll의 말로 잘못과 실수를 하고도 반성이 없이 지나치면 같은 잘못과 실수를 하지만, 잘못이나 실수에 대해 인정하고 반성하여 다시는 같은 잘못과 실수를 하지 않아야 됨을 말한다.

나이가 든 사람일수록 잘못과 실수를 더 많이 했음을 알 수 있다. 잘못과 실수는 언제 어디서든 할 수 있는 일이기에 나이를 먹는 만큼 잘못과 실수도 비례하는 것이다. 따라서 잘못과 실수를 통해 무엇이 문제인지를 파악하고 대응한다면 적어도 같은 잘못과 실수는 충분히 막을 수 있다.

## ‖과거의 잘못과 실수를 통해 새로운 눈을 길러야 한다‖

잘못은 누구나 할 수 있는 일이다. 그러나 같은 일이 거듭된다면 그것은 문제가 있다. 잘못과 실수는 누구나 하는 것이지만 그것을 긍정적인 에너지로 이끌어내기 위해서는 반드시 문제점을 파악하여 새로운 눈을 길러야 한다.

이에 대해 F. 시루스는 이렇게 말했다.

"실수는 인간의 특성이다. 지나간 실수에 빠져 헤어 나오지 못할 때 그 실수는 죄가 된다. 실수는 죄가 아니다. 그것을 죽을 때까지 끌고 가면 안 된다. 최대의 실수는 그것을 깨닫지 못하고 있다는 데 있다. 실수를 발견하는 즉시 그것을 뉘우치고 새출발해야 한다."

매우 적확한 지적이다. 잘못과 실수를 덮어두는 것처럼 바보스런 일은 없다. 그것은 과거의 잘못과 실수에 매이는 일이기 때문이다.

정지호는 57세로 마음이 여리고 주변 사람들로부터 사람 좋다는 말을 많이 듣는다. 그는 인정이 많아 사람들의 부탁을 거절할 줄 모른다. 사람들이 그에게 돈을 빌려달라고 하면 자신은 쓰지 못해도 돈을 빌려주곤 한다. 그런데 문제는 빌려준 돈을 제대로 받은 적은 별로 없다는 것이다. 그렇게 해서 떼인 돈만 수억이 넘는다. 그래도 그는 돈을 갚으라는 말을 하지도 않는다. 그의 그런 태도 때문에 가장 힘들어 하는 사람은 그의 아내다. 그의 아내는 그게 늘 불만이었다. 그런데도 그는 그때뿐이었다.

그러던 어느 날 그는 친구의 부탁으로 대출 보증을 서 주었다. 중소기업을 하는 친구였는데 운영자금을 조달하는 데 필요해 그에게 보증을 부탁한 것이다. 그것도 3억이나 말이다. 그런데 1년도 채 안 되어 문제가 터졌다. 친구 회사가 부도가 난 것이다. 알고 보니 친구가 일부러 부도를 내고 미국으로 도망친 것이다. 그로 인해 그는 보증 서준 대가를 톡톡히 치렀다. 그는 빚을 갚느라 여분으로 가지고 있던 아파트를 팔 수밖에 없었다. 그로 인해 아내와 대판 싸우며 한동안 각 방을 썼다. 그런데 또 다른 문제가 발생한 것이다. 그가 보증을 서주었던 친척이 부도를 내고 만 것이다. 그 바람에 2억이나 되는 돈을 또 갚아야 했다. 그로 인해 그는 아내와 별거까지 했다. 그때서야 그는 자신이 그동안 해왔던 일들이 자신의 잘못이라는 걸 알게 되었다. 그는 별거 중인 아내와 만나 자신의 잘못에 대해 사과하고 살아생전 두 번 다시는 보증을 서거나 돈을 빌려주는 일 따윈 안하겠다고 각서를 써주었다. 그제야 마음을 푼 그의 아내는 다시 집으로 돌아와 지금까지 별일 없이 잘 지내고 있다.

정지호는 자신의 잘못이 아내와 가족에게 얼마나 미안하고 분노하게 하는 일인지를 가슴 깊이 깨달았던 것이다. 그는 자신이 아내에게 한 약속을 잘 지켜오고 있다.

잘못이나 실수를 하지 않으면 사람이 아니다. 사람이니까 잘못도 하고 실수도 하는 것이다. 정지호처럼 자신의 실수를 인정하고 깊이 반성해야 한다. 그것이 자신은 물론 가족에 대한 깊은 사랑이며 예의이다.

## ‖과거의 잘못을 되풀이하지 않기‖

잘못을 해 놓고 똑같은 잘못을 되풀이하는 것처럼 바보 같은 짓은 없다. 그것은 자신을 스스로 바보로 만드는 일인 동시에 가족에겐 상처를 주는 일이다. 그리고 주변 사람들에게는 눈총 받을 일이다. 그래서 과거의 잘못을 되풀이하지 말아야 한다. 과거의 잘못을 되풀이하지 않기 위해서는 마음을 굳게 하고 어떤 상황에서도 같은 잘못을 하지 않아야 한다.

### 과거의 잘못을 되풀이하지 않는 7가지

- 마음을 굳게 하고, 그 어떤 상황에서도 절대로 과거와 같은 잘못을 하지 않아야 한다.
- 어떤 상황이 주어졌을 때 이것을 해야 할까, 하지 말아야 할까를 잘 판단하고 그에 맞게 결정해야 한다.
- 무슨 일을 할 땐 충분히 생각하고 검토한 끝에 실행해야 한다.
- 남이 하니까 나도 하면 되겠지.'라는 생각은 마음에서 떨쳐 버려야 한다.
- 겉모습에 빠지다 보면 자신도 모르게 그것에 빠지게 된다. 겉모습에 빠지지 말라.
- 남의 말을 쉽게 믿지 말고, 충분히 생각하고 생각한 끝에 결정을 내려도 늦지 않다. 충분히 생각하고 결정해야 한다.
- 과거는 과거일 뿐이다. 과거에 있었던 좋지 않은 기억은 모두 잊어라. 과거에 매이다 보면 자신도 모르게 같은 잘못과 실수를 하게 된다.

'과거의 잘못을 되풀이하지 않는 7가지'를 마음에 담아두고 그때그때마다 거기에 맞는 대로 실행한다면, 그 어떤 상황에서도 잘못과 실수로 인해 일을 그르치거나 고통받는 일은 없을 것이다.

나이가 든다는 것은 잘못과 실수를 줄여 나가는 시기와도 같다.

그래서 나이가 들면 젊은 시절엔 볼 수 없었던 지혜와 현명함이 번뜩인다. 하지만 그렇다고 해서 다 그런 것은 아니다. 사람의 성격에 따라, 환경에 따라, 능력에 따라 다를 수 있다. 과거의 잘못과 실수로부터 자신을 지키기 위해서는 지혜롭고 현명하게 생각하고 실행해야 한다.

Tip

## 과거의 잘못을 반복하지 않는 좋은 생각

- 잘못과 실수는 누구나 하는 보편적인 삶의 행태이다. 과거의 잘못과 실수에 매여 연연해하며 지금의 일을 그르치지 말라.
- 결정하기 어려운 상황에 놓이면 혼자 결정하기보다는 전문가나 주변 사람들에게 자신의 생각을 말하고 조언을 얻는다면 잘못과 실수를 줄일 수 있다.
- 자신이 하는 일과 관계된 사람들의 노하우를 참작하여 자신이 하는 일에 반영한다면 잘못과 실수를 줄이는 데 큰 도움이 된다.

# 체면 따위는 땅에 던져버리기

우리나라 사람들은 대개 체면을 매우 중요시 여긴다. 체면을 깎이기라도 하면 무슨 큰일이 나는 것처럼 전전긍긍한다. 물론 체면도 중요한 것은 사실이다. 그러나 그것은 어디까지나 예의적인 관점에서일 뿐이고, 실질적인 부분에서는 체면에 얽매여서는 안 된다. 체면에 얽매이다 보면 이것도 저것도 다 놓쳐버릴 수가 있다.

흔히 하는 말로 "체면이 밥 먹여 주냐?"라는 말이 있다. 옳은 말이다. 체면이 절대 밥 먹여주지 않는다. 오히려 밥그릇을 빼앗아 갈 뿐이다.

"일이 체면을 손상시키는 것은 없고, 면목이 없는 것은 게으른 것이다."

이는 고대 그리스 시인 헤시오도스Hesiodos의 말로, 체면으로 인해 일을 할 수 없다고 말하는 사람에게는 정문일침頂門一鍼과도 같은 말이다. 무슨 일이라도 일은 신성한 것이다. 어떤 일이든 다 의미가 있고, 밥이 되기도 하고, 자아를 실현하는 일이기도 하다. 물론 일의 성격에 따라 다소 관점의 차이가 있지만 체면으로 인해 자신이 하는 일에 문제가 야기된다면 이는 바람직하지 않다. 일의 중요성에 대해 포드자동차의 창업자인 헨리 포드Hanry Ford는 다음과 같이 말했다.

"일하지 않는 사람은 절대 올바른 생각을 할 수 없다. 게으름과 비뚤어진 마음을 갖게 만든다. 긍정적인 행동이 뒤따르지 않는 사고思考는 병균과도 같다."

그리고 영국의 작가 조지 버나드 쇼George Bernard Shaw는 이렇게 말했다.

"일하러 갈 곳이 없는 사람은 그 사람이 어떤 신분의 사람이든 참으로 상상할 수 없을 만큼 골치 아픈 존재다."

헨리 포드나 조지 버나드 쇼의 말은 일이 그 사람의 삶에 미치는 영향이 얼마나 큰지를 단적으로 보여준다고 하겠다.

나이 들어 무언가를 하고 싶다면 '과거에 내가 어떤 사람이었는데, 내가 무엇을 했는데….'라는 생각 따위는 머릿속에서 빼내 버려야 한다. 그렇지 않으면 그 어떤 것도 할 수 없다. 체면은 쓰레기통에나 던져 버려라.

## ‖체면은 쓸모없는 연장과 같다‖

"내가 그걸 어떻게 해!"

"내 나이에 그 일이 가당하다고 생각해?"

"나는 굶어 죽어도 그따위 일은 못해!"

"당신도 알잖아? 내가 과거에 무슨 일을 했는지. 그런데 나보고 그따위 일을 하라고? 어림도 없지. 암, 어림도 없고말고."

위의 말들은 하나같이 체면에 얽매여 자신의 현재를 스스로 옭아매고 있다. 과거에 무엇을 했는지는 그다지 중요하지 않다. 그것은 이미 지나가버린 과거일 뿐이다. 중요한 것은 지금 내가 무엇을 하느냐이다. 현명한 사람은 현실을 직시하는 사람이다. 지식이 많거나 배움이 많은 사람이 아니다. 현실을 바르게 직시하고 자신이 맡은 일을 잘해 나가는 사람이다.

어떤 아파트에 새로운 경비원이 들어왔다. 나이도 많고 인품도 있어 보였다. 그는 아파트 주민을 만나면 나이가 많든 적든 누구에게나 자신이 먼저 고개 숙여 인사를 건넸다. 그는 언제나 가만히 앉아 있는 법이 없었다. 항상 쓰레기를 줍거나 놀이터 시설을 살피거나 스스로 일을 찾아 무언가를 했다. 그가 오고 나서 아파트가 눈에 띄게 깨끗해졌다. 또한 그는 아파트 어린이들은 물론 어르신들께도 늘 세심하게 관심을 쏟으며 살폈다. 그가 온 이후로 아파트 분위기도 훨씬 좋아졌다. 삭막하던 아파트가 부드러워진 것이다. 아파트

주민들은 처음 얼마간은 '그러다 말겠지.' 하고 생각했다. 그러나 한결같은 모습을 보고 생각이 달라졌다. 아무 데나 담배꽁초를 버리던 사람들도 쓰레기통에다 버리고, 아무렇게나 주차를 하던 사람도 주차라인에 맞춰 주차를 했다.

그러던 어느 날 근무차 아파트를 방문한 어떤 공무원에 의해 그 경비원이 과거에 초등학교 교장 출신이라는 걸 알게 되었다. 그는 그 공무원의 초등학교 6학년 때 담임교사였던 것이다. 이 일이 알려진 후 아파트 사람들은 "역시, 어쩐지 다르더라. 인품이 뛰어나고 언행이 각별한 게." 하고 말했다.

그는 과거 자신의 체면을 떠나 일하는 즐거움으로 그 일을 기꺼이 해왔던 것이다. 그 후 아파트 주민들은 그에게 예의를 갖추고 대했다. 그는 그곳에 있는 동안 사람들에게 체면 따위를 멀리하고 일하는 즐거움을 깨우쳐주었던 것이다.

"내가 과거에 교장이었지, 지금은 교장이 아니지요. 지금은 아파트 경비원이니까요. 난 지금 내가 하는 일이 곧 나의 일이라고 생각합니다."

그는 교장선생님까지 지낸 분이 어떻게 경비원을 하느냐고 간혹 묻는 이들에게 이렇게 말하며 환하게 웃곤 하였다.

체면은 쓸모없는 연장과 같다. 이가 나간 톱이나 칼은 제 역할을 다하지 못한다. 그런데도 과거에 빠져 체면에 얽매인다면 지금보다 나은 노년의 삶을 보낼 수 없다. 불필요한 과거의 껍질은 벗어버려야 한다.

## ‖거추장스런 옷과 같은 체면은 허위의 쓰레기통에 버리기‖

영국의 사상가 토머스 칼라일은 말했다.

"자기가 하고 있는 일에 마음을 반밖에 쓰지 않는다면, 그것이 갑절이 힘들어질 것이다. 자기가 할 일을 발견한 사람은 행복하다. 그로 하여금 다른 행복을 찾게 하지 말라. 그에게는 일이 있고, 인생의 목적이 있기 때문이다."

칼라일의 말은 자신이 하는 일의 중요성을 강조하고 최선을 다하라는 뜻이다. 그리고 자신이 할 일을 찾은 사람은 행복하다는 것이다. 그렇다. 자신이 무엇인가 하고 있다면 그 자체만으로도 행복한 사람이다.

일이란 돈을 버는 수단이기도 하지만, 자신이 현재 무엇을 하고 있다는 존재성을 확인시켜 주는 일이기도 하다. 사람은 자기의 존재성에 대해 거듭 확인받기를 원한다. 그렇지 않으면 자신의 존재가 상실되는 것처럼 느낀다. 더구나 나이가 들면 들수록 그런 마음이 더 커진다. 앞으로 나아가는 길은 전도양양한 길이 아니라 생명의 소멸을 뜻하기 때문이다. 그러기 때문에 나이가 들수록 자신이 하는 일이 있어야 한다. 그런데 체면 따위에 얽매여 "내가 그런 일을 어떻게 해. 굶어 죽어도 그런 일은 할 수 없지."라고 말한다면 그것은 어리석은 생각이 아닐 수 없다.

내가 아는 어떤 이는 공직 생활을 하다 본인의 의사가 아닌 압력을 받고 명퇴를 했다. 그는 지독한 상실감으로 인해 수년을 고통 속에서 지냈다. 그가 하는 일이라고는 술을 마시고 줄담배를 피우는 일밖에 없었다. 아내가 애원을 하고 자식들이 위로도 해 보았지만 그에게는 아무 소용이 없었다. 그는 완전히 삶의 의욕을 잃고 말았다. 결국 그는 술과 담배로 인해 건강을 잃었고, 그로 인해 생을 마감하고 말았다.

지독한 상실감에서 오는 정신적인 고통은 그를 완전히 폐인으로 만들었고, 그는 자의에 의해 그렇게 자신의 인생에 종지부를 찍고 만 것이다. 만일 그가 아내와 자식들의 권유를 받아들였다면 어떻게 됐을까. 그랬다면 그렇게 허무하게 생을 마감하지는 않았을 것이다. 과거에 매여, 체면에 매여, 자신을 상실하는 것은 어리석고 우매한 일이다. 그것은 바보들이나 하는 짓이다. 한 번뿐인 인생을 왜 그처럼 산단 말인가. 체면을 버리고 자신에게 주어진 일은 감사하게 받아들여야 한다. 그것이 자신은 물론 배우자와 가족들을 위해서도 바람직한 일이다. 거추장스런 체면은 허위의 쓰레기일 뿐이다. 허위의 쓰레기인 체면은 잊어라. 그것이 자신의 남은 인생을 위해 현명한 일이다.

Tip

## 허위의 쓰레기인 체면을 버리는 좋은 생각

- 체면은 인간의 내면에 깊숙이 내재된 허위와 같다. 허위는 가식에 불과하다. 허위와 가식인 체면은 가차 없이 뽑아버려야 한다.
- 체면을 버리면 안 보이던 길이 보인다. 자신의 의지를 가로막는 불필요한 체면을 마음에서 몰아내라.
- 나이 들어 무언가를 하고 싶다면 체면 따위는 내려놓아야 한다. 그렇지 않으면 충분히 할 수 있는 것조차 할 수 없다.

# 생이 깊어갈수록 더욱더 생을 사랑하기

나이가 들어간다는 것은 생이 깊어간다는 것을 의미한다. 그런데 나이가 들어가도 생이 깊어지는 사람이 있는가 하면 그렇지 않은 사람도 있다. 생이 깊어진다는 것은 인생의 참된 의미를 깨닫는 것을 말하는데, 나이를 먹는다고 해서 인생의 참된 의미를 깨닫는 것은 아니다. 나이가 들었는데도 생각이 젊은 시절의 깊이로 남아 있다면, 그것은 진정한 깨달음이 아니다. 인생의 참된 의미를 느끼고 싶다면 삶을 깊이 있게 관조해야 한다. 삶을 깊이 있게 관조하다 보면 덕성을 기를 수 있고, 그 덕성은 자신은 물론 다른 이들에게 덕이 되고, 그로 인해 자신은 더욱 마음의 풍요를 얻게 됨으로써 감사하는 삶을 살게 되고, 인생의 참된 의미와 자유를 얻게 된다. 그리고 참된 평안을 얻게 됨으로써 진정한 행복을 느낄 수 있다.

"높은 덕성을 갖는다는 것은 자유로운 정신을 갖는다는 것을 의미한다. 끊임없이 불쾌한 마음에 빠지고, 언제나 사물에 불안감을 가지고, 욕심에 사로잡히는 사람은 자유롭고 평안한 정신을 갖지 못한다. 언제나 자기 자신에 대해 평온을 유지하지 못하고, 자기가 하는 일에 골몰하지 못하는 사람은 보아도 보지 못하는 사람이며, 들어도 듣지 못하는 사람이며, 먹어도 맛을 모르는 사람이다."

《논어》에 나오는 말이다. 옳은 지적이다. 생이 깊어갈수록 자유로운 정신을 가져야 한다. 자유로운 정신은 나이 들어감에 따라 자신도 모르게 생길 수 있는 정신적인 압박과 우울을 극복하는 데 큰 힘이 되어준다, 지금의 자신을 한번 살펴보라. 나는 과연 인생의 참된 의미를 제대로 깨달았는지를. 그리고 그렇다는 생각이 든다면 지금 잘 살고 있다는 반증이다. 그러나 그렇지 않다고 생각되면 지금의 삶에 만족하지 못하다는 것을 의미한다. 그렇다면 문제는 간단하다. 지금의 삶에 만족할 수 있도록 생의 깊이를 느끼는 일에 집중해야 할 것이다.

## ‖생이 깊어갈수록 그 생을 더 사랑하라‖

그 어떤 생도 다 소중하다. 외형적인 관점에서 보았을 때 성공한 생이나 그렇지 못한 생이라 할지라도 생은 다 소중하다. 왜냐하면 생이란 하나님이 각 개개인에게 부여한 선물이자 특권이기 때문이다.

반평생을 교도소에서 지내다 출소한 사람이 있다. 그는 수시로 사기를 치고 폭행을 저질렀다. 그에게는 홀어머니가 있지만 한 번도 어머니에게 아들로서 변변하게 해 드린 게 없었다. 허구한 날 사기를 치고, 싸움을 일삼는 아들 때문에 어머니의 눈에서는 눈물이 마를 날이 없고 애끓는 기도가 끊이질 않았다. 하지만 그는 달라진 게 별로 없었다. 그는 언제나 자신의 욕망이 시키는 대로 했다. 그 결과 그는 소년원을 밥 먹듯 드나들었고, 어른이 되어서는 교도소를 제집 드나들 듯 하였다. 아들을 위해 간절히 기도하는 어머니의 정성어린 마음도 그는 아랑곳하지 않았던 것이다.

그러는 동안 오랜 세월이 흘렀다. 그도 어느덧 50살이 되었다. 그의 친구들 중엔 아들딸의 결혼식을 올린 이들도 있었지만, 그는 결혼은 고사하고 흔한 연애 한 번 해보지도 못했다. 그는 자신이 선택한 삶의 방법으로 인해 반평생을 어두운 교도소 골방에서 썩어야만 했던 것이다.

그러던 어느 날 그는 반평생을 자신의 뒷바라지를 해 온 어머니를 생각하자 눈물이 났다. 그는 급기야는 대성통곡을 하며 자신의 죄를 뉘우치고 또 뉘우쳤다. 어머니의 자글자글한 주름진 얼굴과 흰머리가 자신으로 인해 생긴 것만 같아 너무도 죄송했던 것이다. 그는 대성통곡을 하며 어머니에게 죽을 죄를 졌다며 용서하지 말라고 했다. 그러자 어머니는 아들의 등을 어루만지며 말했다.

"죽을죄는 무슨 죽을죄를 지었다고 그러느냐. 다 지나간 일이다. 나는 괜찮으니 앞으로 사람답게 살면 된다."

자신을 생각하는 어머니의 깊은 사랑에 그는 엎드려 울고 또 울었다. 그 후 그는 몰라보게 달라졌다. 그는 교도소에서 배운 용접기술을 통해 떳떳한 직장인이 되었고, 열심히 벌어 어머니를 잘 모셨다. 그는 시간이 날 때마다 봉사를 했으며, 자신이 가진 재능을 기부하며 열심히 살고 있다. 그것만이 자신이 지난날 지은 모든 죄를 마음으로부터 씻는 일이라고 그는 굳게 믿고 있기 때문이다. 그의 나이 58세, 그는 남은 인생을 최선을 다해 살겠다고 어머니와 자신에게 단단히 약속한 그대로 살아가고 있다.

누구나 자신이 원하는 생을 살면 얼마나 좋을까. 그런데 생은 야속하게도 그렇지 않다. 생은 자신이 원하는 대로 살기 위해 노력하는 자에게 따뜻한 미소를 보내며 손을 잡아준다. 생이 자신을 끝까지 사랑하는 삶을 살아야 한다. 그 어떤 순간에도 생이 자신을 외면하지 않도록 해야 한다. 생은 단 한 번뿐인 인생의 보석임을 잊어서는 안 될 것이다.

## ‖생이 깊을수록 자신의 삶도 풍요해진다‖

삶은 변함이 없다. 다만 그 속에서 살아가는 사람들이 자신의 유익을 위해서, 혹은 꿈을 위해서 변화되기를 바라며 그에 맞게 살아가는 것이다. 그런데 아무리 물질적으로 성공을 했거나 좋은 자리에서 자신의 위치를 누리며 사는 사람도 인생의 참된 의미를 알지 못한다면 진실한 생이라고 말할 수 없다. 다음은 왜 인간은 생이 깊어갈수록 잘 살아야 하는지를 잘 알게 하는 시이다.

생이 깊어질수록 삶을
뜨겁게 뜨겁게 끌어안고 살자.
짜증나고 화나는 일도 조금씩만 더 참고
미워하고 시기하는 일도 조금씩만 더 줄이고
사랑하는 사람들을 위해 기도하자.

남은 생이 짧아질수록
내가 하고 싶은 일을 조금만 더 신나게 하고
사랑하는 사람을
조금만 더 열정적으로 사랑하자.

생은 되돌아 흐르지 않는 강물처럼
한번 가버리면 그만이지만
가는 세월도 되돌려 부둥켜안고
서로를 보듬어 용서하고 화해하고
조금만 더 즐기고 조금만 더 행복하게 살자.

생이 우리 곁을 떠나 저만치 멀어질수록
조금은 더 역동적으로
조금은 더 꿈을 꾸면서
조금은 더 의연하게 양보하며 살자.

생이 깊어질수록
눈물의 깊이는 더욱 깊어지는 것
그리하여 조금은 더 웃으며 손을 내밀어
지워도 지워도
다시 지우려 해도
지워지지 않는 사랑의 별이 되자.

이는 나의 시 〈생이 깊어질수록〉이다.

이 시에서도 말했듯이 우리의 생은 뜨겁게 사랑하는 이들을 보듬어 살아야 한다. 강물은 한번 흘러가면 다시는 되돌아오지 않는 것처럼 우리의 생 또한 그러하지만, 가는 세월도 되돌려 부둥켜안고 서로를 보듬어 용서하고 화해하고 조금만 더 즐기고 조금만 더 행복하게 살아야 한다. 그렇게 될 때 나이가 들수록 생은 더 아름답게 활짝 피어날 것이다.

Tip

## 생이 깊어질수록
## 풍요로워지는 좋은 생각

- 한번 흘러간 강물은 되돌아 흐르지 않는 것처럼 우리의 생 또한 그렇다. 한 번뿐인 인생, 흐드러지게 핀 꽃처럼 활짝 꽃피우며 살아야겠다.
- 나이가 든다는 것은 생을 깊이 있게 산다는 것을 의미한다. 참된 인생은 참되게 생각하고 행동할 때 주어진다.
- 누구나 참된 인생을 꿈꾸지만, 어느 누구나 참된 인생은 되지 않는다. 그럴 만한 가치가 있을 때 비로소 참된 인생이 되는 것이다.

# 해보고 싶은 일은 반드시 해보기

자신이 하고 싶은 일을 하며 사는 사람들은 과연 얼마나 될까, 하고 묻는다면 과연 얼마나 많은 사람들이 '그렇다'고 자신 있게 말할 수 있을까. 우리나라 현실에서 볼 때 작가, 화가, 음악가, 의사, 법률가 및 특수한 직업을 가진 전문직을 제외한 사람들은 대개가 자신이 원하는 직업이 아닌 일을 하는 사람들일 것이다. 정작 자신이 하고 싶은 일보다는 의식주를 해결하기 위한 방편으로서의 일을 한다고 봐도 좋을 것이다.

젊은 시절은 그렇게 했더라도 퇴직을 하고는 자신이 해보고 싶은 일을 해보는 것도 좋을 듯하다. 돈을 생각하지 말고 자아실현을 위해서라면 얼마든지 가능하다고 생각된다. 돈과 관계된 일을 하다 보면 돈이 안 되는 일은 자연히 멀어지게 되기 때문이다.

"깊은 관심을 갖고 희생을 하더라도 반드시 달성하고자 노력하는 목표는 '자아와 일치하는 목표'이다. 심리학자 케논 셀던과 앤드류 엘리엇이 발표한 바에 따르면 이러한 목표는 '자아의 선택'으로부터 직접적으로 출발하여 '자아와 하나가 되는 상태'가 된다고 한다. 보통 자아와 하나가 되는 목표를 세우려면, 스스로 목표를 선택해야 한다. 또한 다른 사람이 원하는 것이 아니라 내가 원하는 것이어야 한다."

하버드대학교 교수 탈 벤 샤하르의 말이다. 탈 벤 샤하르의 말처럼 자신이 원하는 일은, 즉 목표로 하는 것은 '자아와 일치하는 목표'를 말한다. 이렇듯 나이가 들어 자신이 해보고 싶은 일을 한다는 것은 무한한 기쁨과 자신감을 스스로에게 선물하는 행복한 일이다.

## ‖열정이 있다면 나이는 아무것도 아니다‖

나이가 들어 자신이 해보고 싶은 일을 한다는 것은 참 행복한 일이다. 그것이 남이 보기에 하찮아 보이는 일이라 해도, 경제적으로 도움이 되지 않는다  해도, 자신이 하고 싶은 일을 한다는 것은 자신의 내면의 세계를 풍요롭게 해주는 일이다. 그것은 자신의 입장에서 볼 땐 가치 있는 일이며, 행복한 일이므로 무한한 행복감에 젖게 한다. 이에 대해 일리노이대학교 교수인 에드 디너Ed Diener는 다음과 같이 말했다.

"행복은 단지 이상적인 환경에서 수동적인 경험을 한 것만으로는 생기지 않는다. 스스로 가치 있게 생각하는 목표를 추구하는 과정에서 얻을 수 있다."

스스로 가치 있게 생각하는 일은 남이 어떻게 보느냐는 중요치 않다. 내가 좋으면 되는 것이다. 그래서 그 일이 그 어떤 일이라도 상관없다. 그 일을 하는 사람은 오직 자신이기 때문에 자신이 원하는 일이면 된다.

어떤 실버 연주단이 있다. 연주단 단원들의 평균나이는 67세라고 한다. 트럼펫을 부는 사람, 기타를 치는 사람, 트롬본을 부는 사람, 큰북을 치는 사람, 작은북을 치는 사람, 바이올린을 켜는 사람 등 다양한 악기를 연주하는 사람들로 구성된 연주단이다.

이 일을 처음 생각한 지휘자가 자신의 뜻을 알렸을 때 소문을 듣고 여기저기서 모여든 사람들로 구성된 연주단이다. 이들에게는 공통점이 있었는데 하나같이 기회만 주어지면 이 일을 해보고 싶었던 것이다. 그런데 자신이 해보고 싶은 일이 눈앞에서 펼쳐지자 넘쳐나는 기쁨과 즐거움으로 마냥 행복해했던 것이다.

이들은 시내 문화의 거리에서 정기적으로 연주를 했으며, 보육원과 양로원을 방문하여 연주를 하고, 지역축제 때에도 시민들에게 멋진 음악을 선물했다. 이들의 연주활동은 여기저기 널리 알려졌다. 그러다 보니 여기저기서 그들을 초청했고 그들은 무대가 있는 곳이라면 그 어디든 찾아갔다. 그들이 연주할 때마다 사람들은 열렬하게 박수를 쳐주었다.

나 또한 실버연주단을 직접 본 적이 있다. 어느 햇살 좋은 날 문화의 거리를 걸어가다 아름다운 선율이 흐르는 곳을 향해 발길을 옮겼다. 가까이 다가가 보니 많은 사람들 앞에서 연주를 하는 사람들은 하나같이 머리가 희끗희끗한 어르신들이었다. 전문 오케스트라에 비해 연주 수준은 확연히 떨어지지만 최선을 다하는 모습에 마음이 한껏 즐거웠었다. 연주를 하며 즐거워하던 그들의 모습에서 나이가 들었다는 느낌은 들지 않았다. 그들의 열정이 그들을 20, 30대 청춘으로 만든 것이다.

그들을 보고 다시 한 번 느낀 것은 인생에 있어 나이는 그리 중요하지 않다는 것이다. 그보다는 열정이 더 중요하다. 열정이 있다면 60대, 70대, 80대도 청춘의 마음으로 살고, 열정이 없다면 그냥 그 나이대로 살아갈 뿐이다.

## ‖문제는 나이가 아니라 무엇을 하겠다는 의식이다‖

나이 들어 자신이 하고 싶은 일을 하는 사람들은 대개가 열정으로 똘똘 뭉친 사람이다. 뜨거운 열정이 나이를 잊게 하고 자신이 하고 싶은 일에 매진하게 한다. 무엇을 하는 데 있어 중요한 것은 나이보다도 그것을 한번 해보겠다는 의식이다. 그런데도 "내가 그것을 어떻게 하지?" 또는 "난 도저히 할 수 없을 것 같아."라고 말한다.

"우리 모두에게 주어진 가장 아름다운 숙명은 우리가 열정적으로 사랑하는 무언가를 위해 대가를 치를 수 있다는 것이다."

심리학자 에이브러햄 매슬로Abraham Maslow의 말이다. 그의 말에서 보듯 가장 아름다운 숙명은 누구에게나 가치를 부여하는 일이다. 그러나 이런 일을 한다는 것은 만만치 않다. 그것은 때론 전문적인 식견을 갖춰야 하고, 그 일에 전문가가 되어야 한다. 그러나 자신이 해보고 싶은 일이라면 다르다. 그것은 자신이 좋아서 하는 일이며 자신의 의지의 문제이기 때문이다.

59세의 이병태 씨는 워낙 산을 좋아해서 바쁜 직장 생활 중에도 한 달에 두 번은 정기적으로 산을 올랐다. 산에 오르면 일상에서 느끼지 못하는 통쾌함이 있었다. 그는 언제부턴가 산에 오르며 퇴직을 하면 숲 해설가가 되어 보고 싶었다. 그는 퇴근 후 식물도감을 사서 차근차근 읽으며 갖가지 나무와 야생화 등을 공부했다. 그는 60세에 은퇴를 하자마자 숲 해설가가 되기 위해 노력한 끝에 꿈을 이루어 즐거운 일상을 보내고 있다. 그가 퇴직 1년 만에 숲 해설가가 될 수 있었던 것은 퇴직을 대비해 공부를 해두었기 때문이다.

60세의 허영숙 씨는 한지 공예가로 활동 중이다. 그녀는 한지의 깊은 맛에 빠져 바쁜 직장생활 중에도 시간을 내어 한지 공예를 배웠다. 손에 착착 달라붙는 한지 공예는 그녀에게 즐거움 자체였다. 그녀는 재능이 있는데다가 워낙 열정적이라 한지 공예를 배운 지 1년 만에 한지 공예 작품모집에 작품을 출품해 3등상을 수상하였다.

그녀는 그 일을 계기로 한지 공예가가 되었고, 한지 공방을 열어 작품 활동과 함께 수강생들에게 한지를 가르치고 있다. 그녀는 자신이 하는 일에 매우 행복해한다.

자신이 해보고 싶어서 하는 일은 그것이 무엇이든 의미 있는 일이며, 자신에게 무한한 행복을 선물한다. 더욱이 나이 들어 자신이 해보고 싶은 일을 한다는 것은 축복이라고 할 수 있다. 스스로에게 행복을 선물하고 즐거운 일상을 보내고 싶다면 자신이 해보고 싶은 일에 도전하라. 그것은 돈이 되지 않아도 행복하고, 힘들어도 즐겁다.

Tip

## 해보고 싶은 일을 해보는 좋은 생각

- 자신이 해보고 싶은 일은 반드시 해보는 것이 좋다. 그 일을 잘하든 못하든 해보고 싶은 일을 한 것만으로도 의미가 충분하다.
- 제2의 인생을 준비하는 이들을 위한 교육프로그램이 사회 곳곳에 많이 있다. 무료로 하는 곳도 있고, 유료로 하는 곳도 있다. 자신이 해보고 싶은 프로그램을 찾아 공부하는 열정을 가져라.
- 자신이 해보고 싶은 일을 하며 돈을 벌 수 있다면 좋겠지만, 그렇지 않더라도 자신의 형편에 맞게 하면 된다. 무엇을 하겠다는 의지만 있다면 무엇이든 할 수 있다.

# 불확실성을 극복하는 자기 확신하는 마음 갖기

우리는 무엇을 할 때 '이것을 과연 잘해 낼 수 있을까.' 하는 의문에 놓이게 된다. 그것이 어떤 일이라 할지라도 그런 생각이 드는 것은 당연하다. 해보지 않은 일을 한다는 것은 알지 못하는 길을 갈 때와 같이 막연하기 때문이다. 하지만 그런 생각 속에 갇히게 되면 불확실성에 사로잡히게 된다. 불확실성에 사로잡히면 충분히 할 수 있는 일도 못하게 된다. 그 속에 부정적 자아가 작용을 함으로써 긍정적인 자아를 가로막게 되는 것이다. 이런 불확실성을 극복할 수 있는 가장 바람직한 방법은 불확실성에 빠지지 않는 것이다. 즉 강한 자기 확신을 가져야 한다는 말이다. 다음은 자기 확신을 강하게 작용시키는 말이다.

"우리의 삶은 우리에게 일어나는 일이 아니라 우리가 거기에 어떻게 반응하느냐에 따라 달라진다. 또 삶이 우리에게 주는 것이 아니라 우리가 삶에 갖는 태도에 따라 달라진다. 긍정적인 태도는 연쇄반응을 일으켜 긍정적인 생각과 긍정적인 사건, 긍정적인 결과를 가져온다. 그것은 촉매제와 같으며, 놀라운 결과를 일으키는 불꽃과 같다."

미국의 소설가 매들린 렝글Madeleine L'Engle의 말이다. 이 말에서처럼 삶이 우리에게 주는 것이 아니라 우리가 삶에 갖는 태도에 따라 달라진다. 이처럼 강한 자기 확신을 갖는다면 불확실성을 극복할 수 있게 된다.

나이가 들게 되면 공연히 마음이 우울해지고, 마치 모든 것으로부터 자신만이 홀로 외따로 떨어진 듯한 느낌을 갖게 된다. 나아가 자신감이 떨어지고 '내가 무엇을 할 수 있을까.' 하는 부정적인 생각에 스스로 갇히게 됨으로써 더욱 자신을 외롭게 하고 힘들게 한다. 그렇기 때문에 불확실성에 빠지지 말고 자기 확신을 가져야 하는 것이다.

## ‖현실을 극복하는 사람과 현실의 노예가 되는 사람‖

사람들 중엔 똑같은 부정적인 현실에서도 자신을 극복해 내는 사람과 극복해내지 못하는 사람들이 있다. 자신에게 주어진 현실을 극복하는 사람과 현실의 노예가 되는 사람의 차이는 어디서 오는 걸까. 자신에게 주어진 현실을 극복하는 이들에겐 자신을 뛰어넘으려는 강한 의지가 밤하늘의 별처럼 번뜩인다. 그리고 한 치의 소홀함도 없이 자신을 넘어서기 위해 철저하게 노력한다.

하지만 자신의 현실에 잡혀 노예가 되어 이러지도 저러지도 못하는 이들에겐, 될 대로 되라는 자포자기의 의식이 강하게 깔려 있다. 이런 사람들이 자신의 꿈을 이룬다는 것은 세상이 변한다고 해도 절대 일어나지 않는다. 이에 대해 미국의 저술가 마이클 코다Michael Korda는 다음과 같이 말했다.

"세상의 모습을 있는 그대로 받아들이되 그것을 뛰어넘어야 한다."

마이클 코다의 말처럼 자신을 뛰어넘을 때 자신이 원하는 길을 갈 수 있는 것이다. 이는 비단 일에 있어서뿐만이 아니다. 생사가 달린 위급한 상황에서도 마찬가지이다. 자신이 처한 상황을 그대로 받아들이되 극한 상황을 극복할 수 있는 강한 자기 확신을 가져야 한다. "나는 반드시 위급한 상황에서 벗어날 수 있어. 누군가가 반드시 나를 도와줄 거야. 그때까지는 참고 견디어야 해." 이런 자기 확신을 갖는다면 위급한 상황으로부터 벗어날 수 있다. 이에 대한 일화이다.

심리학자인 바바라 골든은 여행의 일정으로 배를 타고 알래스카 황야를 보러 갔다. 어느 날 빙하 지역을 관광하는 도중 갑작스런 눈보라가 불어와 사람들의 시야를 가렸고, 바바라 골든은 같이 갔던 사람들의 무리에서 떨어지고 말았다. 돌풍이 멈춘 뒤 그가 주위를 둘러보았지만 아무도 보이지 않았다. 그는 너무도 두려워 큰소리를 마구마구 질러댔지만 아무런 대답이 없었다. 춥고 메마른 산중턱에 혼자 남겨진 그는 두려움에 휩싸이기 시작했다. 그때 워크숍에서 참가자들이 그에게 했던 말이 떠올랐다.

"어떻게 해야 할지 모를 때에는 기도를 하세요."

생각을 떠올린 그는 곧바로 기도를 했지만 아무 일도 일어나지 않았다. 그러나 그는 두 손을 꼭 쥐고 반드시 살 수 있을 거라는 굳은 확신을 가졌다.

"나는 반드시 살 수 있어. 반드시 살 수 있다고!"

날은 점점 어두워졌고 아무것도 보이지 않아 공포가 밀려왔지만 그는 희망을 버릴 수 없었다. 그 순간 저 멀리에서 사람의 모습이 보였다. 그는 있는 힘을 다해 손을 흔들어 자신의 존재를 알렸다. 그 사람은 물개 사냥을 마치고 돌아오던 에스키모였고, 그는 바바라 골든을 썰매에 태워 시내로 데리고 가서 일행을 만나게 해주었다. 그는 살 수 있다는 자기 확신대로 위급한 상황에서 벗어날 수 있었다.

나이가 들수록 더 강한 자기 확신이 필요하다. 나이가 들어가는 데서 오는 불안감을 불식시키고 자신의 나이를 의식하지 않고, 자신이 하고 싶은 일, 또는 자신에게 주어진 환경을 극복하고 나가는 데 큰 힘이 되기 때문이다. 불확실성을 극복하고 자기 확신을 갖기 위해서는 긍정적인 생각을 길러야 한다. 독보적인 자기계발 동기부여가이자 저술가인 노만 V. 필 박사가 제시한 '긍정적인 생각을 기르는 7가지'이다.

### 긍정적인 생각을 기르는 7가지

- 24시간 동안 모든 일에 대해 일이든, 건강이든, 미래에 대해 든 희망을 갖고 낙관적으로 말하라.
- 24시간 동안 희망에 대한 이야기를 했으면, 이것을 다시 일주일 동안 계속해 보라. 그렇게 하다 보면 하루나 이틀은 그렇게 하는 것을 현실적으로 생각하게 된다. 그리고 일주일 전에 가졌던 생각이 잘못되었다는 것을 느끼게 될 것이다. 이것은 곧 긍정적인 생각을 갖게 됐다는 증거다.
- 우리가 육체를 돌보듯 정신을 돌봐야 한다. 그리고 건강한 정신을 기르기 위해 건전한 사고의 양식을 공급하지 않으면 안 된다.
- 건강한 정신을 기르기 위해서는 다양한 독서를 즐기고, 명상하라. 그리고 좋은 글은 밑줄을 긋고 몇 번이고 읽어 마음에 새겨라.
- 긍정적인 생각을 가진 사람들의 리스트를 만들어라. 그리고 그들과 교제하고 이야기하고 듣고 배워라. 그리하면 긍정적인 힘이 길러진다.
- 불필요한 논쟁을 피하라. 불필요한 논쟁은 에너지를 소멸시키는 주범이다.
- 날마다 기도하라. 기도는 긍정적인 힘을 길러주는 좋은 마음의 양식이다.

노만 V. 필 박사가 제시한 '긍정적인 생각을 기르는 7가지'를 반복해서 실행한다면 자기 확신을 갖는 데 많은 도움이 된다.

## ‖불확실성을 극복하면 극복 못할 문제는 없다‖

살아가다 보면 예기치 않는 많은 문제에 봉착하게 된다. 이럴 때 사람에 따라 대처하는 능력에 차이가 있다. 어떤 이는 아무렇지도 않게 생각하며 문제를 해결하는 데 최선을 다해 결국 문제를 해결해 낸다. 그러나 어떤 사람은 문제 해결은 고사하고 우왕좌왕하며 쩔쩔매다 결국 해내지 못하고 만다. 이럴 때 문제의 원인이 무엇인지 파악한 다음 강한 자기 확신으로 해결해 나가도록 해야 한다. 이에 대해 강연가이자 저술가인 돈 에직Don Essig은 다음과 같이 말했다.

"아무런 걱정도, 문제도 없다면 인생이 얼마나 즐거울까? 누구나 한 번쯤 이런 생각을 해보았을 것이다. 하지만 문제없는 인생이란 있을 수 없다. 이런 생각은 그저 환상에 지나지 않는다.

우리가 할 수 있는 최선은, 문제가 무엇인지 정확히 간파하고 그 상황을 개선할 수 있는 계획을 세운 다음 그대로 실천하는 것이다. 즉 문제에 직면했을 때는 왜 그런 문제에 봉착하게 되었는지를 분석하고 위기를 기회로 바꿀 수 있는 방법을 강구해야 한다. 세상에 극복하지 못할 문제란 없다."

돈 에직의 말에서 보듯 문제가 무엇인지 알아내고, 그것을 해결할 수 있는 강한 자기 확신을 갖고 실행한다면 충분히 극복해 낼 수 있다.

인생에서 예기치 않는 문제는 나이를 가리지 않는다. 젊어서 올 수도 있고, 나이 들어 올 수도 있다. 또는 때를 가리지 않고 올 수도 있다. 삶은 그런 것이다. 그러므로 어떤 상황에 놓이게 되더라도 자기 내면에 들어 있는 불확실성의 부정적 자아를 뽑아버리고, 긍정적인 자기 확신으로 채워 넣어야 한다.

Tip

## 불확실성을 자기 확신으로 변화시키는 좋은 생각

- '나는 할 수 없어.'라는 생각을 '나는 할 수 있어.'라는 생각으로 마음의 코드를 전환시켜 생각을 습관화해야 한다.
- 불확실성은 부정적 자아의 지배를 받는다. 이를 긍정적 자아인 자기 확신으로 바꾸기 위해서는 강한 의지로 밀어붙여야 한다.
- 어떤 문제든 답은 있다. 다만 답을 찾지 못할 뿐이다. 답을 찾는 가장 좋은 방법은 자기 확신을 갖고 끝까지 하는 힘이다. 끝까지 하는 힘이 답이다.

# 자신에게 미안해하지 않기

자신에게 미안한 인생은 그가 어떤 일을 했고, 하고 있다 하더라도 그것은 잘 사는 삶이 아니다. 자신에게 미안해하는 일이 적을수록 잘 사는 삶이다. 하지만 그렇게 산다는 것은 쉽지 않다. 그렇게 살기 위해서는 자신에게 진실해야 하고, 열정을 다 바쳐야 한다. 지나고 나서 '내가 왜 그때는 그렇게밖에 못했지?' 하고 아무리 가슴을 친다고 해도 그것은 이미 지나간 일에 불과하다. 자신에게 미안해하지 않는 삶을 살아간다는 것은 때론 고독할 수도 있고, 또 때론 살을 도려내는 아픔과도 같을 때가 있다. 그렇지만 자신에게 미안해하지 않고 떳떳하게 살아야 한다. 그것이 자신의 생에 대한 예의이고, 자신의 가족에게도, 자신이 속한 사회에도 떳떳하고 보람된 생이다.

자신에게 미안해하지 않기 위해서는 양심에 따라 행동하고, 잘못을 범하는 일이 없어야 한다. 그리고 자신이 감당해야 할 일은 반드시 감당하고, 내가 받는 것만큼 남에게 베풀어 이기주의자라는 손가락질 받는 일이 없음으로써 후회하는 일이 없도록 해야 한다.

"그대가 사랑받는 것처럼 남을 사랑하라. 또한 그대가 받는 것만큼 남에게도 베풀어라. 항상 자신을 낮추고 남을 이롭게 하라. 관용으로써 분노를 극복하라. 선으로써 악을 정복하라. 나 자신의 어리석은 생각, 그릇된 판단, 그리고 잘못을 범하기 쉬운 나쁜 습관을 버려라. 해야 할 일을 하고 감당해야 할 일을 감당하라. 양심은 자신의 유일한 증인이다."

이는 러시아의 대문호 레프 니콜라예비치 톨스토이Lev Nikolayevich Tolstoy가 한 말로, 살아가는 동안 이렇게만 할 수 있다면 누구에게든지 떳떳하고, 자신에게 미안해하는 일은 없을 것이다.

나이가 들어 지나온 시절을 되돌아봤을 때 자신에게 미안해하지 않는 삶이란 그 얼마나 아름다운가. 지금 자신이 지나온 길이 미안하다고 생각한다면 지금이라도 늦지 않다. 자신이 할 수 있는 한 자신에게 미안해하지 않도록 자신의 삶 앞에 부끄럽지 않게 살아야 한다.

## ‖자신에게 미안해하지 않는 삶은 후회를 남기지 않는 삶이다‖

전자 담배 제조업체 일렉트릭 지브라 사가 2,000여 명을 대상으로 후회하는 삶에 대해 설문조사를 하였다. 응답자의 75%는 "전혀 후회하지 않는 삶을 사는 것은 불가능하다."고 대답했다. 그런데 연구 결과 응답자들은 일주일에 45분 정도 후회한다고 했다. 그리고 일생 동안 크게 후회하는 경우가 두 번 정도라고 한다.

이 설문조사와 연구 결과처럼 후회를 남기지 않는 인생은 없다. 다만 후회하는 일이 적도록 노력하며 살아가는 것뿐이다. 그런데 문제는 그렇게도 살지 못하는 경우가 많다. 사람이란 완전하지 않은 불완전한 존재이기 때문이다. 그러나 불완전한 존재라고 해서 모든 것이 이해되고 묵인되는 것은 아니다. 사람은 이성적인 존재이므로 잘잘못을 충분히 인식하는 능력을 갖고 있다. 그러므로 개선의 여지를 충분히 갖춘 동물이다. 그래서 설령 후회하는 일을 했다 하더라도 자성을 통해 다시는 같은 일로 후회하는 일이 없도록 하면 된다. 이에 대해 러시아의 대문호 톨스토이는 다음과 같이 말했다.

"후회는 해보았자 소용없다는 말이 있지만, 후회한다고 늦은 것은 아니다."

옳은 말이다. 후회를 하지 않을 수는 없지만 후회를 줄일 수는 있다. 현시대를 살아가다 보면 자신을 깨닫지 못하고 살 때가 많다. 깨닫지 못하는 삶은 후회가 많은 법이다. 후회를 줄이기 위해서는 의지를 갖고 자신이 하는 일에 최선을 다해야 한다. 의지가 있다면 그 어떤 것도 가능하기 때문이다.

"안타깝게도 너무도 많은 사람이 넘치도록 풍요로운 자신을 깨닫지 못한 채 살아간다. 우리는 무엇이든 될 수 있다. 또한 무엇이든 할 수 있다. 허무맹랑한 말이 아니라 완벽히 그 말 그대로 현실에서 '불가능해. 이 상황에서는 될 리가 없어.'라고 말하는 것은 아직 게으른 마음이 남아 있기 때문이다. 무엇에든 진심을 다하지 못하기 때문이다. 그러나 의지가 있다면 무엇이든 가능하다. 실제 그것을 이룬 사람, 그렇게 된 자는 그것이 진실임을 알고 있다. 자신의 풍요로움을 깨달으라. 그리고 풍요가 이끄는 대로 충실히 움직여라."

프리드리히 니체가 한 말로 후회 없는 삶, 후회를 줄이기 위해서는 의지가 강하게 작용할 수 있도록 해야 한다. 의지는 무엇이나 가능하기 때문이다.

내가 아는 어떤 이는 잘 나가는 직장인이었다. 그런데 어느 날 그는 사표를 던지고 나왔다. 자신의 사업을 하기 위해서였다. 그는 직장생활을 하는 동안 많은 인맥을 쌓았다. 그가 자신의 사업을 시작한 것은 바로 자신이 쌓은 많은 인맥과 자신의 노하우를 믿어서였다. 그러나 그는 사업을 시작한 지 1년도 안 돼 망하고 말았다. 자신을 너무 과신한 나머지 사업장을 지나치게 크게 마련한 점과 자신이 믿었던 사람들에게 의지하는 사업전략 때문이었다. 그는 자신의 실수를 깨끗이 인정하고 아내와 가족들에게 용서를 구했다. 그러고 나서 그는 대폭 축소해서 다시 사업을 시작하였다. 그는 과거의 직분을 잊고 최대한 몸을 낮추었으며, 자신이 직접 작업복을 입고 직원과 같이 한 몸이 되어 열심히 일했다. 그 결과 3년 만에 다시 재기하는 데 성공했다.

"처음 벌인 사업이 망하고 절망했지요. 내가 그렇게 미울 수가 없었어요. 가족들에게 미안했지요. 그래도 나를 믿어주는 가족의 격려로 이를 물고 직장 초년시절의 마음으로 돌아가 정말 열심히 했습니다."

그는 이렇게 말하며 환하게 웃었다.

그는 자신의 과오로 사업이 망해 절망했지만, 초심으로 돌아가 심기일전했기에 자신에게 미안해하지 않는 삶을 살고 있다. 자신에게 미안해하지 않는 삶이 바로 잘 사는 삶이다.

요즘 퇴직을 하고 사업을 벌이다 망한 사람들이 부지기수라고 한다. 별다른 경험이 없이도 할 수 있는 갖가지 프랜차이즈에 몰리다 보니 열에 여덟, 아홉은 망한다는 것이다. 나이 들어 퇴직금을 전부 쏟아붓다 보니 남은 것이라곤 절망과 한숨뿐이다. 이들은 먹고 살기 위해 대리운전 등 무슨 일이든지 하려고 하지만, 그 또한 경쟁이 치열하다 보니 하루하루가 고통이라고 했다. 그리고 가족에게 미안하고 자신이 원망스럽다고 했다. 나이 들어 자신에게 미안해하지 않는 삶이야말로 인생을 잘 살아가는 것이다.

## ‖후회하지 않는 삶은 자신을 사랑할 때 온다‖

자신을 사랑하는 사람들은 하나같이 자신에게 주어진 일에 최선을 다한다. 그것이 자신을 위하고 아끼는 일이라고 생각하기 때문이다. 그러나 되는대로 사는 사람들은 자신을 사랑하는 사람이 아니다. 자신에 대한 애착이 그만큼 약하기 때문이다.

"자신을 진정으로 사랑하기 위해서는 먼저 자신의 힘만으로 무엇인가에 온 노력을 쏟아야 한다."

프리드리히 니체의 말이다. 그렇다. 니체의 말처럼 자신의 힘만으로 자신이 하는 일에 온 힘을 다 쏟는 것이야말로 자신을 진정 사랑하는 일이다.

### 자신을 사랑하기 위한 7가지

- 자신을 존중하고 아낌없이 자신을 격려하라.
- 자신을 위해 공부하고, 자신이 하는 일에 죽을 듯이 열정을 바쳐라.
- 부정적인 사고를 긍정적인 사고로 바꿔라. 긍정은 곧 자신을 믿는 것이다.
- 게으름은 자신을 무시하는 행위이다. 자신을 부지런하게 만들어라.
- 남에게 의지하는 마음을 버려라. 그것은 자신의 능력을 날려버리는 행위이다.
- 자신에게 정직하고 양심에 따라 말하고 행동하라. 자신을 당당하게 만들어야 매사에 자신감을 가질 수 있다.

• 스스로 남과 비교하여 자신의 약점을 노출시키지 말아야 한다. 그것은 자신의 기를 꺾는 비생산적인 일이다.

후회하지 않는 인생은 없다. 그러나 후회의 폭을 줄이고 자신에게 미안해하지 않는 내가 될 때, 인생을 보다 풍요롭고 즐겁게 살아갈 수 있다. 자신에게 미안해하지 않는 인생이 되고 싶다면 '자신을 사랑하기 위한 7가지'를 잘 숙지하여 실행해야 한다. 그것이 자신의 인생에 대한 예의며 사랑이다.

Tip

## 자신에게 미안해하지 않는 좋은 생각

- 자신을 아낌없이 사랑한다면 그 어떤 일에도 자신감이 충만하다. 자신을 사랑하는 것은 자신을 행복하게 하는 일이다.
- 무슨 일을 할 땐 신중에 신중을 기하라. 그랬을 때 실패를 최소화할 수 있어 자신을 미안하게 하지 않는다.
- 늘 공부하고, 자신의 능력을 끌어올려라. 실력과 능력을 갖춘다면 좋은 기회를 갖게 될 확률이 높다. 이는 곧 자신을 사랑하는 일이다.

# 웃을 일을 많이 만들어라

웃음은 삶의 윤활유이며 행복의 비타민이다. 웃음은 처음 본 사람끼리도 자연스럽게 맺어 주고, 껄끄러운 분위기도 부드럽게 만들어준다. 웃음은 건강에도 매우 좋아, 많이 웃는 사람일수록 건강하다.

나이가 들면 호르몬의 분비가 약해지고, 몸은 몸대로 마음은 마음대로 젊었을 때와는 달리 축축 처진다. 웃음은 나이를 가리지 않고, 때를 가리지 않지만 나이가 들수록 더 많이 필요한 것이 웃음이 아닐까 한다. 나이 드는 데서 오는 심리적 위축과 그에 따라 우울의 깊이도 더하므로 이를 극복하기 위해서는 웃음처럼 좋은 것은 없다. 이에 대해 미국의 저명한 심리학자인 바바라  골든은 다음과 같이 말했다.

"웃음이 중요한 이유는 무엇일까? 웃음은 우리 몸의 화학작용을 바꾸어주고 다시 젊어진 듯한 느낌을 주며 관계를 변화시킨다. 우리를 웃게 하는 사람과 싸우기는 힘들다. 아무리 좋지 않던 관계도 함께 웃고 나면 친구가 된다. 멈출 수 없어 신나게 웃다 보면 눈물까지 난다. 울거나 웃을 때 나오는 눈물은 근심거리를 씻어주는 치료제이다. 내면에 많은 것을 담아둔 채 겉으로 표현하지 않으면 우리 몸에 더 많은 해가 된다. 어떤 종류든 눈물은 우리의 영혼을 깨끗하게 정화해주는 치료제이다."

바바라 골든의 말은 웃음이 인간에게 얼마나 중요한 삶의 요소인지를 잘 알게 한다.

웃음이 많은 사람일수록 행복감을 더 많이 느낀다. 웃을 때 분비되는 도파민이 사람의 기분을 한껏 끌어올리기 때문이다. 사람들은 대개 행복해야 웃음이 나오는 줄 안다. 그러나 이는 잘못된 생각이다. 웃어야 행복함을 느낀다. 미국의 저명한 심리학자이자 하버드 대학 교수인 윌리엄 제임스는 '웃음'과 '행복'의 관계성에 대해 이렇게 말했다.

"행복해서 웃는 게 아니라, 웃어서 행복한 것이다."

윌리엄 제임스의 말은 행복해지고 싶다면 많이 웃으라는 것이다. 웃음은 돈 들이지 않고 먹는 보약이다. 그 어떤 보약보다도 효능이 뛰어난 보약이 웃음인 것이다.

## 많이 웃을수록 행복한, 웃음은 효능이 뛰어난 보약이다

우리나라 사람들은 잘 웃지 않는다는 말이 있다. 이 말은 아주 오래전부터 마치 객관적으로 증명된 것처럼 전해져 온다. 전혀 틀린 말이 아니다. 사실 잘 웃는 사람보다, 잘 웃지 않는 사람이 많다. 특히 나이가 든 사람일수록 더 많다.

"웃음이 헤프면 실없어 보인다.", "가치가 떨어진다.", "웃음이 많을수록 가벼워 보인다."는 말이 있다. 물론 그럴듯해 보인다. 그러나 이는 어디까지나 과거 봉건주의적 관점에서 비롯된 말로 현재를 살아가는 사람들에겐 다소 설득력이 떨어진다.

'일소일소一笑一少 일노일노一怒一老'라는 말이 있다. 한번 웃으면 한번 젊어지고, 한번 화내면 한번 늙어진다는 말이다. 웃음이 그만큼 좋다는 것을 일러 하는 말이다. 잘 웃음으로써 삶이 바뀐 사람들이 많다고 한다. 이에 대한 이야기이다.

은정은 40대 시절, 세 아이의 대학입시를 위해 지나치게 신경을 쓴 나머지 몸이 쇠약해질 대로 쇠약해졌다. 입시 스트레스는 그녀의 정신건강을 극도로 쇠약하게 만든 것이다. 그런데다 남편이 갑작스럽게 강제퇴직을 당하는 바람에 그 영향이 고스란히 그녀에게 미친 것이다. 그녀의 얼굴엔 웃음이 떠나고 침울한 그림자만 감돌았다. 좋은 걸 봐도 즐겁지 않았고, 맛있는 음식도 맛있지 않았다. 집안은 먹구름이 낀 것처럼 언제나 암울했다. 은정은 작은 일에도 화를 냈고, 남편은 남편대로, 아이들은 아이들대로, 그녀로 인해 고통을 겪어야 했다.

"여보, 당신이 그러니까 집안이 냉기로 썰렁하잖아. 나도 그렇고 애들도 그렇고, 이래가지고서야 되겠어? 당신이 마음을 추슬러야 우리가 두 다리 뻗고 자지."

남편은 그녀의 마음을 잘 알지만 너무 힘이 든 나머지 이렇게 말했다. 남편의 말에 그녀의 분노는 하늘까지 닿았다.

"누군 그러고 싶어서 그런 줄 알아요? 나도 내 마음을 어떻게 할 수 없으니까 그렇지! 이러는 내 심정은 어떻고?"

남편은 분노로 이글거리는 그녀를 바라보다 밖으로 나갔다. 남편이 밖으로 나가자 그녀는 큰소리로 엉엉 울었다.

그러던 어느 날, 은정의 선배가 찾아왔다. 그녀의 남편이 연락을 한 것이다. 선배가 오자 모처럼 그녀의 얼굴에 생기가 돌았다. 그녀는 여느 때와는 달리 이야기를 늘어놓으며 시간을 보냈다. 남편에게 그녀에 대해 모든 이야기를 들은 선배는 자기와 같이 봉사활동을 하자며 권유했다. 은정은 자신이 무엇을 할 수 있겠냐며 망설였지만 선배의 적극적인 권유에 못 이겨 그렇게 하겠다고 대답했다.

그로부터 일주일 후 은정의 선배는 차를 몰고 그녀를 데리러 왔다. 선배가 그녀를 데리고 간곳은 어린아이들이 있는 영육아원이었다. 갓 돌 된 아이, 2, 3세 된 아이들의 초롱초롱한 눈망울을 보자 은정의 눈에서는 자신도 모르게 눈물이 흘러내렸다. 부모에게 외면당하고 시설에서 자랄 수밖에 없는 아이들을 보자 가슴이 울컥했던 것이다. 그녀는 주체할 수 없을 만큼 눈물을 흘렸다. 마치 그동안 쌓인 분노를 눈물로 쏟아내듯이.

눈물을 멈춘 은정을 선배가 가만히 안아주었다. 순간 은정은 생각했다. 자신이 그동안 힘들다고 가족들에게 해왔던 자신의 모습을. 그러자 또다시 눈물이 솟구쳐 올랐다. 그리고 그녀는 생각했다. 이 아이들을 위해 매주 봉사하러 오기로. 그녀는 선배와 같이 그날 하루를 뜻깊게 보냈다. 집으로 돌아오는 그녀의 얼굴엔 평온의 기색이 역력했다. 그래서일까, 아팠던 몸도 아픈 줄 몰랐다.

그 후 그녀는 선배와 같이 봉사를 하러 다니며 잃었던 웃음을 되찾았다. 그러자 몸도 마음도 기쁨으로 가득 넘쳐났다. 이 모두는 아이들이 그녀에게 준 사랑의 선물이었다. 그녀의 놀라운 변화를 가장 먼저 반긴 사람들은 그녀의 남편과 아이들이었다.

"오늘은 식구들이 좋아하는 동태찌개를 끓여서 맛있게 먹어야지."

봉사를 마치고 오면서 그녀는 작은 소리로 중얼거렸다. 그 소리를 듣고 그녀의 선배가 말했다.

"은정아, 네가 끓인 동태찌개는 알아주잖아? 먹고 싶다."

"언니, 우리 집에 들러 먹고 가. 내가 금방 끓여줄게."

"그럴까, 그럼. 오랜만에 네 솜씨 좀 맛보자."

선배는 이렇게 말하며 환하게 웃었다. 그러자 은정도 잇몸이 드러나도록 한껏 환하게 웃었다.

앞의 사례에서 보듯 웃음은 은정의 닫힌 마음을 활짝 열어주고, 쇠약했던 몸과 마음을 건강하게 만들어주었다. 웃음은 만병의 치료제라고 한다. 그만큼 웃음이 주는 효과가 크다.

56세의 은정이 웃음으로 활력을 찾고 건강을 찾아 행복을 찾았듯이, 웃음은 나이가 들수록 더 필요한 삶의 요소이다.

## ‖웃을 일을 만들어 맘껏 웃고 행복하기‖

웃음은 아무리 넘쳐도 부족하다. 웃으면 웃을수록 웃음은 더 필요하다. 그만큼 웃음은 몸에도 좋고, 인간관계에도 그만이다. 이런 이유로 되도록 많이 웃으라고 하면 이렇게 말하는 사람들이 많다.

"웃음이 좋은 줄 아는데 웃을 일이 있어야 웃지요?"

사는 게 각박해서, 웃는 것에 익숙하지 않아서, 실없는 사람처럼 보일까 봐… 등 여러 이유를 댄다. 그러나 이는 궁색한 변명에 불과하다. 미국의 저명한 심리학자인 바바라 골든은 웃을 일이 없어도 웃을 수 있는 추억거리를 많이 만들라고 말했다.

"당신이 떠난 뒤 가족들이 즐겁게 추억할 수 있는 얘깃거리가 하나도 없다면 매우 불행한 일일 것이다. 내 아버지는 돌아가실 때 어머니께서 데이트하던 때의 이야기를 많이 들려주신 덕분에 웃으며 눈을 감으셨다. 가족들에게 당신을 추억할 재미있는 얘깃거리나 기억이 없다면 지금부터라도 엉뚱하고 기발한 사건들을 만들어보라. 그것들은 나중에 즐거운 추억으로 남아 당신과 가족들을 행복으로 이끌어 줄 것이다. 나의 수첩에는 황당한 사건 사고들이 수없이 많이 적혀 있다. 그중 하나는 조깅을 하는 도중에 물건을 훔쳐 달아나는 도둑으로 의심을 받아 경찰의 검문을 받은 일이다. 나는 종종 조깅을 하면서 재활용할 수 있는 물건을 주워 들고 달리는데, 그것을 본 어떤 이웃주민이 도둑인 줄 알고 경찰에 신고를 했던 것이다. 갑자기 나타나 나를 깜짝 놀라게 했던 경찰들은 사실을 확인하고 웃음을 터뜨렸다. 외식을 하거나 쇼핑을 나갔을 때도 나는 엉뚱한 행동으로 즐거운 추억을 많이 만들곤 했다. 내가 세상을 떠날 때 가족들은 이런 일들을 기억해내며 마음껏 웃을 수 있을 것이다."

바바라 골든의 말은 매우 설득력이 있다. 누군가가 나를 오래 기억하며 웃을 수 있다면 그것은 매우 행복한 일일 것이다. 생각해보라. 누군가에게 기억되지 않는 인생이란 얼마나 외롭고 가련한 인생인지를.

나이가 들수록 더 많이 웃어야 한다. 웃으면 웃을수록 건강도 좋아지고, 가족과 주변 사람들과도 더 친밀한 삶을 살게 될 것이다.

Tip

## 웃을 일을 많이 만드는 좋은 생각

- 가족끼리, 주변 사람들끼리 유머를 활용한다면 훨씬 더 많은 웃음을 웃을 수 있다. 유머는 웃음충전소이다.
- 이야기를 할 때 되도록 웃음을 지으며 얘기를 하라. 그렇게 하기가 쉽지 않지만 습관이 되면 자연스러워진다.
- 아는 사람을 만났을 때 내가 먼저 웃어주자. 그러면 상대도 웃음을 짓는다. 상대보다 내가 먼저 웃으면 더 많이 웃게 된다.

chapter 4

# 한 번뿐인 인생 끝까지 잘 살아가기

# 지금보다 좀 더 사랑한다고 말하기

우리나라 사람들은 '사랑해', '사랑한다'는 말을 잘 안 한다. 물론 시대의 흐름에 따라 젊은 연인들은 '사랑해'란 말을 잘한다. 또한 장소를 가리지 않고, 스킨십도 자주 한다. 그러나 나이 들어가는 중년만 해도 '사랑해', '사랑한다'는 말을 잘 안 한다. 습관이 되지 않아서이기도 하고, 낯간지러워서 잘 못한다고 말한다. 충분히 이해가 간다. 더구나 50대 이상은 '사랑해'란 말에 익숙지 않다. 50대가 뜨거운 청춘이던 그 당시의 사회 분위기는 '사랑'이란 표현에 그리 개방적이지 못했다. 그러다 보니 '사랑해'란 말에 그다지 익숙하지 못한 건 당연한 일이다.

하지만 시대는 많이 변했다. 나이가 들었다고 사랑한다는 말을 못할 건 없다. 내 입장에서 보면 사랑한다는 말을 잘한다. 성인이 된 아들과 딸을 만나면 사람이 많은 장소라 할지라도 다정하게 포옹을 하고는 "사랑해, 아빠 딸", 또는 "사랑해, 아들" 하고 말한다. 그리고 카톡이나 문자를 해도 "아빠 딸, 사랑해." 또는 "아들, 사랑해." 하고 꼭 표현한다. 내가 이렇게 하는 것은 '사랑'은 표현이라고 생각해서다. 아무리 속으로 사랑한다고 백번을 외치고, 수만 번을 외친다고 해도 겉으로 표현하지 않으면 의미가 별로 없다고 생각한다.

"너, 내가 너를 얼마나 사랑하는 줄 알지?"

이렇게 말하는 사람들이 많다. 하지만 사람 속을 어떻게 안단 말인가. 나는 사랑은 표현이라고 생각하고 실천한다.

나이가 들수록 가족에게 사랑한다는 말을 자주 해야 한다. 살아온 날들보다 앞으로 살아갈 날은 많지 않다. 언제 어떻게 될지 모르는 게 사람의 일이다. 어제 만나 같이 차 마시고, 식사하던 사람들이 다음날 간다는 인사도 없이 가는 게 나이든 사람들의 일상이다. 이치가 이럴진대 어찌 사랑한다는 말을 아껴야 할까. 지금도 늦지 않다. 지금까지 하지 않았다면 지금부터라도 사랑한다고 말하라. 더 많이, 더 웃으면서 사랑한다고 말하라. 후회하는 일을 남기지 않는 인생이 되어야 한다.

## ‖지금보다 더 사랑하며 살아가기‖

사랑하며 산다는 것은 자신과 상대를 행복하게 하는 일이며, 나아가 삶을 따뜻하게 하는 일이다. 사랑이 메마른 부부, 가족, 친구, 이웃은 제대로 된 삶을 살아갈 수 없다. 아무리 물질적으로 풍요롭다 해도, 좋은 자리에 올랐다 해도, 좋은 환경 속에서 산다고 해도 사랑이 없다면 암흑과도 같다. 사랑함으로써 나와 너, 우리 모두가 행복할 수 있는 것이다. 사랑은 이 세상의  모든 것이며 희망이다.

사랑은 나이를 가리지 않는다. 그래서 나이가 들어도 사랑은 반드시 필요하다. 사랑이 있음으로 해서 노년의 삶이 더 행복할 수 있기 때문이다. 다음은 사랑의 소중함을 잘 알게 하는 이야기이다.

중호는 사업을 하겠다며 부인의 의사를 무시하고 명예퇴직을 신청했다. 그의 아내는 단단히 화가 났지만 이미 엎질러진 물이었다. 그는 친한 친구와 동업을 하기로 하고 친구에게 돈을 건네주었다. 그런데 문제가 생겼다. 친구가 돈을 갖고 잠적을 한 것이다. 중호는 친구를 찾아 여기저기 수소문했지만 그의 행방을 알 길이 없었다. 중호는 이 일로 아내와 급격히 사이가 나빠졌고, 급기야는 이혼을 하고 말았다.

남자가 혼자 사는 생활은 어설프기 짝이 없었고, 그는 제대로 챙겨 먹지도 못한 채 술로 하루하루를 보냈다. 게다가 돈을 사기당한 충격으로 매사에 의욕을 잃고 말았다. 그런 생활을 한 지 어언 2년, 어느 날 그는 길을 가다 그만 쓰러지고 말았다. 그가 쓰러졌다는 소식을 들은 가족은 병원으로 달려갔다. 그의 병명은 급성악성빈혈이었다. 백혈병에 걸린 것이다. 그를 바라보는 가족은 가슴이 아팠다. 그는 성실하게 살아온 남편이자 아빠였다. 단지 그가 사업을 하겠다고 퇴직을 하고 돈을 사기당한 잘못 말고는 평생을 가족을 위해 헌신하였다. 비록 이혼은 했지만 전 남편이자 아빠였다. 가족은 그를 위해 정성껏 간호를 했다. 그러나 그는 가족들의 정성어린 간호에도 불구하고 끝내 목숨을 잃고 말았다. 가족은 그를 보내며 깊은 슬픔에 빠졌다. 그가 그렇게 된 것이 모두 자신들의 잘못인 것만 같았다. 가족으로서 그를 좀 더 이해해 주지 못하고, 헤어진 것도 그렇고, 그렇게 세상을 떠나게 한 것도 견딜 수 없는 고통이었다. 그의 가족은 지금도 그를 생각할 때마다 좀 더 사랑한다고 말해주지 못한 것에 대해 후회하며 가슴 아파하고 있다.

사람은 지혜로우면서도 어리석은 존재이다. 그래서 때때로 자신이 판 함정에 빠지기도 한다. 앞의 이야기처럼 후회하는 일이 없도록 해야 한다. 후회하는 삶은 아픔과 미련을 남기기 때문이다.

오늘 사랑하는 이가
당신 곁에서 웃고 있을 때
한 번만 더
사랑한다고 말해주세요.

오늘 사랑하는 이와 함께
푸른 하늘을 바라볼 수 있음에
한 번만 더
고맙다고 말해주세요.

오늘 사랑하는 이에게
마음 아프게 한 일이 있다면
한 번만 더
미안하다고 말해주세요.

지금 이 순간 사랑하는 이가
당신 곁에 있다는 것은
그것만으로도
눈물이 날 만큼 감사한 일이지요.

사랑하는 이의 얼굴을
날마다 바라볼 수 있음에
한 번만 더
사랑한다고 고맙다고
미안하고 감사하다고 말해주세요.

이는 〈한 번만 더 말해주세요〉라는 나의 시다. 이 시에서 보듯 내

일이 중요한 것이 아니라 바로 오늘, 지금 이 순간이 중요하다. 사랑하는 사람이 자신 곁에 있을 때 한 번만 더 사랑한다고, 한 번만 더 고맙다고, 한 번만 더 미안다고 말해주어야 한다. 그것이 사랑하는 사람들에 대한 최선의 마음이기 때문이다.

## ‖사랑은 미래를 위한 것이 아니라 현재를 위해 하는 것이다‖

"미래에 있어서의 사랑이란 없다. 사랑이란 오직 현재에 필요한 것이다. 현재에 사랑을 보지 못하는 사람은 사랑이 없는 사람이다."

이는 불후의 명작 《전쟁과 평화》, 《부활》 등을 남긴 러시아의 대문호인 톨스토이가 한 말이다.

그렇다. 과거의 사랑이 아무리 아름답다고 해도 그것은 이미 지나간 사랑이다. 또한 미래의 사랑도 과거의 사랑과 별 다를 게 없다. 한 치 앞을 알 수 없는 것이 우리의 삶이다. 그런데 어떻게 과거의 사랑에 연연해하면서 미래의 사랑을 위해 살 수 있을까. 사랑은 지금이 가장 중요하다. 지금이 행복해야 그만큼 삶이 아름답고 가치 있는 것이다.

'현재의 사랑을 보지 못하는 사람은 사랑이 없는 사람이다.'라고 한 톨스토이의 말은 그래서 더 가슴에 와 닿는다.

주어도 주어도
주고만 싶어
분수처럼 솟구치는 마음
그대를 향한 멈추지 않는
내 마음
그래도 그래도 부족한
나의 마음

이는 고유진 시인의 〈화수분〉이란 시다. 이 시에서 보듯 사랑은 주어도 주어도, 부족한 마음이다. 이런 마음으로 사랑하는 사람들과 함께 웃고 울며 살아간다면 더 큰 행복과 즐거움을 느낄 수 있을 것이다.

Tip

## 사랑한다고 말하는 좋은 생각

- 사랑하는 사람들에게 '사랑해' 하고 말하는 습관을 들여야 한다. 처음엔 어색해도 습관이 되면 아주 자연스럽다.
- 사랑한다는 말은 마음속에 담아두지 말고 하고 싶을 때 즉시 하라. 사랑은 표현이다.
- 사랑한다는 말에 인색하면 그 무엇에도 인색하게 된다. 사랑의 말은 더 많이 할수록 좋다. 그만큼 더 행복해지기 때문이다.

# 단순하게, 더 단순하게 살아가기

삶이 복잡할수록 더 단순하게 살아야 한다. 나날이 빨라지는 초스피드 시대에 이게 무슨 말도 안 되는 소리냐고 할지 몰라도 이럴 때일수록 삶의 속도를 한 템포 늦출 필요가 있다. 그렇지 않으면 시대의 흐름 속에 갇힐 수 있다. 그렇게 되면 자신이 삶을 리드하는 것이 아니라, 삶에 끌려가게 된다. 삶에 끌려가는 것은 수동적인 삶이지만, 자신이 리드하는 삶은 능동적인 삶이어서 자신을 더 행복하게 하고 가치 있게 만든다. 이런 마음이 들면 자신을 더 사랑하게 되고, 매사에 자신감을 갖고 대하게 된다. 단순한 삶은 자기를 되돌아보게 함으로써 자신의 내면을 살필 수 있는 기회를 준다. 그런 기회를 갖게 되면 가족과 직장, 주변 사람들과의 관계를 더욱 돈독하게 하게 된다.

단순하게 산다는 것은 생각도 단순하게, 먹는 것도 단순하게, 매사에 여유를 갖고 살아가는 것을 말한다. 이렇게 사는 것이 생각보다는 쉽지 않다. 일단 그 삶에 내가 맞춰야 하고 그렇게 실천하지 못하면 아무런 의미가 없기 때문이다. 그러나 이런 삶은 마음먹기에 따라 얼마든지 가능하다. 유럽을 중심으로 한 다운시프트족 Downshifts은 그것을 잘 말해준다. '다운시프트'란 자동차를 저속기어로 변환한다는 뜻으로, 다운시프트족은 경쟁과 속도에서 벗어나 여유 있는 자기만족적 삶을 추구하는 사람들을 지칭하는 말이다.

다운시프트족은 단순하게 사는 삶을 실천하며 살아가는 대표적인 사람들이다. 그들 중엔 풍족한 물질을 누리며 사는 사람들도 있지만, 원하는 삶을 위해 고소득을 기꺼이 포기하는 사람들이 의외로 많다. 또한 소득은 많지 않지만 자신이 원하는 삶을 위해 주어진 것에 만족하며 사는 사람들도 많다. 풍요에 길들여진 이들과 소득이 넉넉지 않은 이들이 그런 삶을 택할 수밖에 없는 이 아이러니를 어떻게 생각해야 할까.

그것은 원하는 삶을 사는 데 있어 물질이 전부가 아니라는 것을 말하는 것이다. 지금 우리 사회에도 귀농이 아닌 귀촌 현상이 일어나고 있다. 즉 도시의 풍요를 버리고 시골로 들어가 지금과는 전혀 다른 소박한 삶을 살겠다는 것을 말한다. 이를 보더라도 단순하게 사는 것을 필요로 하는 작금의 시대가 현대라는 사회이다.

## ‖단순하게, 단순하게 더 단순하게 살아가기‖

단순한 삶은 퇴보하는 삶인가, 아니면 발전적인 삶의 새로운 모델인가? 이에 대한 답은 발전적인 새로운 삶의 모델이라고 할 수 있다. 그동안 지나치리만치 속도를 높여온 산업의 발달은 경제성장을 이루고 풍요로운 물질을 쌓는 데 지대한 영향을 끼쳤다. 사람들의 생활은 풍요로워지고 과거와는 다른 패턴의 삶을 살아가고 있다. 그러나 그 반면에 지나친 경쟁에서 오는 스트레스로 인한 갖가지 질병이 난무하고, 사는 게 전쟁이라고 할 만큼 치열하다. '이런 삶 속에서 진정한 평안과 위로를 누리며 살 수 있을까.' 하는 의문이 드는 것은 당연하다. 이런 삶으로부터 벗어나 조금은 단순하게 살기를 원하는 사람들이 늘어나는 추세이고 보면, 물질이 행복한 삶의 최선책은 아니라는 것을 의미한다고 하겠다.

59세에 직장을 퇴직한 정민호 씨. 그는 대기업 상무로 근무하다 치열한 지금의 삶에 회의를 느끼고 가족과 상의한 끝에 시골로 이사하였다. 탁 트인 들판과 그리 높지 않지만 어머니의 품처럼 넉넉한 산을 뒤로하고 자기만의 만족을 위한 삶을 살고 있다. 그의 가족은 텃밭에 자신들이 먹을 만큼만 갖가지 채소와 곡식을 재배한다. 무공해 채소는 안심하고 먹을 수 있어 농약이나 갖가지 불신으로부터 벗어날 수 있어서 그들 가족은 아주 만족해한다. 먹는 것은 자급자족으로 해결하니 도시에서 살 때와는 비교가 안될 만큼 돈을 절약

할 수 있어 좋고, 연료 또한 나무 보일러를 사용하니 난방비 또한 크게 절약이 되었다. 땅을 사서 집을 짓고 할 때 목돈이 들어가고는 크게 목돈이 들어갈 게 없다. 그러다 보니 기본적인 생활비 외엔 들어가는 게 별로 없다. 그런데다가 실적에 쫓겨 경쟁하지 않으니 정신적인 압박 또한 없다. 그야말로 무공해적인 삶의 여유를 즐기며 살고 있는 것이다.

"여보, 당신 말 듣기를 정말 잘했어요. 이처럼 우리가 살게 될 줄이야."

"아빠, 아빠의 선택이 옳았어요. 도시에서의 생활과 비교하면 가끔씩 적막한 느낌이 들지만 그것 외엔 모두가 만족이에요."

그가 시골로 오자고 했을 때 처음엔 반대했던 그의 아내와 딸은 그의 선택에 매우 만족해하고 있다.

물질에 대한 욕망의 무게를 조금만 내려놓으면 보이지 않던 새로운 삶이 보인다. 다만 그렇게 하지 못하는 것이 안타까울 뿐이다. 물론 사람들마다 생각의 방향이 틀리고, 지향하는 삶의 목표가 다르지만 이 또한 자신의 형편에 맞게 조율하면 크게 문제될 게 없다.

"단순하고 어리석게Keep It Simple, Stupid의 앞 글자를 딴 'KISS'는 매우 현명한 슬로건이다. 단순함은 사물을 보게 하고 눈앞에 보이는 것이 무엇인지 깨닫게 한다. 좋은 스승은 학생들에게 복잡한 설명보다는 내용을 최대한 단순화시켜 보여주고 학생들이 그것을 모두 이해한 후에 한 단계 어려운 내용으로 나아간다. 이런 스승의 가르침을 받은 학생들은 어려운 내용도 단순하게 생각할 수 있게 된다.

인생의 본질을 이해하면 삶은 매우 단순해진다. 우리보다 앞서 일어난 모든 것을 이해하지 못한다고 해서 삶이 복잡해지는 것은 아니다. 사람들이 당신을 알아주길 원한다면 진정한 본질을 가리고 위장하는 것들로 자신을 감추지 말아야 한다.

먼저 자신의 소박한 본질을 깨닫고 사람들에게 보여주라. 사람들이 당신의 진실을 알게 될 때 인생이 훨씬 편안해지고 쉬워질 것이다. 다른 사람들을 속이기 위해 가리고 꾸미는 데 혈안이 되기보다 당신이 굳게 믿는 것에 모든 에너지를 쏟는 게 낫다."

이는 심리학자 바바라 골든이 한 말로, 인생의 본질을 이해하면 삶은 매우 단순해지고, 인생이 훨씬 편안해지고 쉬워질 거라는 것이다. 즉 이 말은 단순하게, 더 단순하게 살라는 말과 일맥상통한다고 할 수 있다.

## ‖단순하게 산다는 것은 퇴보가 아니라 새로움이다‖

단순하게 사는 것은 퇴보가 아니라 새로운 삶의 방향이라고 앞에서 말한 바 있다. 그렇다. 단순하게 살아가기 위한 사람들이 점점 늘어난다는 것은 새로운 삶의 패턴이 형성된다는 것을 의미한다. 그러기에 이는 퇴보가 아닌 새로운 삶의 유형이라고 할 수 있다. 단순하게, 더 단순하게 살아가기 위해서는 필요한 것이 무엇인지 생각해 보는 것도 좋을 것 같다.

### 단순하게 살기 위한 7가지

- 경쟁에 휘말리기보다는 자기만족을 위한 삶을 찾는 것이 바람직하다. 그러기 위해서는 자기만의 삶의 만족지수를 설정해야 한다.
- 가족 모두가 합의가 되어야 한다. 그렇지 않으면 가족 간의 불협화음으로 단순한 삶이 주는 삶의 평안을 느끼지 못한다.
- 나이가 든다는 것은 퇴보가 아니라 후반기의 인생을 살기 위한 새로운 시작이다. 나이에 맞는 단순한 삶을 선택해야 한다.
- 물질을 좇아서는 단순한 삶을 살 수 없다. 물질이 아닌 삶의 방향을 지향해야 한다.
- 단순하게 살아갈 수 있는 마음의 준비가 되지 않으면 단순한 삶을 살기 힘들다. 마음의 자세를 갖추는 것이 먼저이다.
- 생각을 보다 단순화시켜야 한다. 생각이 단순하면 몸도 마음도 단순한 삶을 살아가도록 반응한다.
- 음식은 소박하게 먹어야 한다. 절대로 과식을 금하고 마음을 평안히 하는 기도나 명상을 하는 것도 단순하게 살아가는 데 큰 도움이 된다.

단순하게 사는 7가지에 대해 알아보았다.

《월든》의 저자이자 자연주의 시인이자 철학자인 헨리 데이비드 소로Henry David Thoreau의 삶이나, 작가이자 시민운동가로서 《조화로운 삶》, 《헬렌 니어링의 소박한 밥상》의 저자인 헬렌 니어링Helen Nearing의 삶은 단순 소박함 그 자체였다. 그들은 단순하고 소박한 삶에서 진정한 삶의 의미를 발견하고 행복을 추구한 대표적인 인물이다. 이들이 지향했던 삶을 살기란 쉽지 않다. 그들은 아주 특별했던 사람들이기 때문이다. 하지만 그들이 보여준 삶을 따라하면서 자신에게 맞는 삶을 선택하면 된다.

나이가 들수록 생각도 단순히, 삶도 단순히 살아간다면 보다 더 깊은 행복감을 느끼며 살게 될 것이다.

Tip

## 단순하게 삶의 속도를 줄이는 좋은 생각

- 물질에 대한 욕망을 버리면 단순한 삶을 통해 자기만족을 얻을 수 있다.
- 자기에게 맞는 단순한 삶의 지도를 그려라. 그리고 삶의 지도에 따라 삶을 실행한다면 좀 더 자연스럽게 단순한 삶을 즐길 수 있다.
- 남과의 경쟁의식을 버려야 한다. 경쟁의식이 남아 있는 한 단순한 삶을 살기란 쉽지 않다. 생각도 단순화, 먹는 것도 단순화시켜라. 그런 가운데 단순한 삶은 습관화가 되는 것이다.

# 자신의 삶을 파괴하는 분노를 조절하기

화를 참지 못하면 자신의 삶을 파괴시킬 뿐만 아니라 타인의 삶도 파괴시키게 된다. 화를 안 낼 수는 없지만 지나친 분노는 건강을 해치고, 타인과의 소통을 단절시키는 '불통의 핵'이다. 그래서 화를 잘 내는 사람들은 타인과의 관계가 원만치 못하다. 또한 지나친 혈압상승으로 인해 건강도 좋지 못하다고 한다. 화를 자주 내다 보면 힘과 정력을 소비하게 됨으로써 일을 하는 데 능률을 떨어뜨리고, 스스로를 피곤하게 하고 불필요한 상황으로 몰고 간다. 그리고 그로 인해 잘될 수 있는 일도 그르치게 되고, 상대에게 나쁜 이미지를 심어주게 되어 사회활동을 하는 데도 악영향을 끼친다.

"감정이 격하면 매사를 바르게 느낄 수가 없다. 또한 감정이 열처럼 높아지고 마음이 어두워지니, 옳고 그른 것과, 그리고 선악을 판단하지 못한다. 그러므로 감정이 격할 때면 마음을 가라앉혀야 하며 감정이 열처럼 높아지면 마음을 차게 식혀야 한다.”

이는《채근담》에 나오는 말로 감정을 심하게 일으키는 일이 얼마나 나쁜지를 극명하게 보여준다. 그리고《경행록》역시 화가 얼마나 무익한지를 다음과 같이 나타내고 있다.

“한때의 분한 감정은 반드시 참아야 한다. 왜냐하면 한때의 감정을 참지 못하는 사람에겐 백일의 근심을 모면할 수 없는 무서운 병균이 침입하기 쉽기 때문이다.”

《채근담》이나《경행록》의 말을 보더라도 화는 인간에게 있어 매우 무익하고 불필요한 감정이라는 것을 알 수 있다. 나이가 들수록 지나친 분노는 삼가야 한다. 혈압을 상승시키고, 감정을 조절하지 못하면 쇠약해진 심신을 더욱 나쁘게 만들 수 있기 때문

이다. 화가 나는 일도 깊은 심호흡을 통해 감정을 삭이고 차분히 마음을 가라앉히면 화로부터 벗어날 수 있다.

## ‖화는 백해무익한 소모적인 감정이다‖

“참을 수 있거든 참고 또 참으며, 경계할 수 있거든 경계하고 또 경계하라. 참지도 못하고 경계하지도 못하면 조그마한 일이 크게 된다.”

《명심보감》에 나오는 말로 화를 참지 못하는 것에 대해 경계하는 말이다. 이를 보더라도 지나친 감정은 자제를 하는 것이 좋다. 다음은 화를 억제하지 못해 일어난 이야기이다.

P는 성격이 급해 작은 일에도 참지 못하고 버럭 화를 잘 낸다. 조금만 차분히 생각하면 될 일도 화부터 낸다. 그러다 보니 가족들은 늘 긴장하여 살고 있다. 그러다 보니 아내는 아내대로, 아이들은 아이들대로 그의 눈치를 살피며 긴장의 끈을 놓지 못한다. 또한 주변 사람들도 그와 함께하는 것을 극도로 꺼린다. 그와 부딪치는 일이 있다 보면 자신들에게도 좋을 일이 없기 때문이다.

그러던 어느 날이었다. P는 사소한 일로 어떤 사람과 주차 문제로 시비가 붙었다. 서로 양보하면 될 일도 P는 자신의 성격대로 상대에게 버럭 화를 냈다. 상대 또한 만만치 않은 사람이었다. 둘은 입씨름을 하며 멱살잡이를 했고, 급기야는 주먹질까지 하게 되었다. 치고받고 싸우다 P는 힘에서 밀리자 차에 있던 칼을 꺼내 상대에게 휘둘러 큰 상처를 입히고 말았다. 다행히 상대는 목숨은 건졌으나 손목 동맥이 잘못되는 바람에 불구가 되었다. 그 일로 P는 교도소에 가게 되었다. 하지만 그는 자신의 버릇을 버리지 못하고 교도소에서도 다른 수형자에게 피해를 입혀 죄가 가중되었다. 그가 없는 동안 가족들은 오히려 활기를 찾았다. 긴장감에서 풀려난 그들의 모습은 마치 깊은 암흑 속에 갇혀 있다 나온 사람들 같았다.

P는 교도소에서도 여전히 자기 성격대로 행동해 교도관들과 수

형자들에게 눈살을 찌푸리게 했다. 그러던 그가 달라지기 시작했다. P는 교도소를 방문한 수녀를 통해 자신이 얼마나 화를 참지 못하는 사람인지를 깨닫게 되었다. 그 후 P는 자신의 잘못을 크게 뉘우치고, 참지 못하는 나쁜 버릇을 고치기 위해 명상도 하고, 책을 읽기도 하고, 미사에도 참석해 마음을 다스리는 일에 열중했다. 시간이 흐르면서 그는 몰라보게 달라졌다. 교도관을 비롯한 수형자들도 그의 변화에 놀라워했다.

P는 다른 사람이 되어 출소했다. 그의 변화를 누구보다도 기뻐한 사람들은 가족이었다. P는 그동안 자신이 가족들에게 준 고통에 대해 남편으로서 아빠로서 사과하였다. 그의 아내와 아이들은 P의 말을 듣고 함박웃음을 지었다.

그 후 P는 가족과 주변 사람들과도 잘 지내고 있다.

## ‖화를 다스려 초조한 마음을 완화시키기‖

사람은 누구나 화를 내고 산다. 다만 정도의 차이가 있을 뿐이다. 문제는 화를 조절할 줄 알아야 한다. 화를 잘못 내면 자신은 물론 주변 사람들까지도 기분을 망치게 한다. 화는 대개 초조한 마음이 들수록 더 내게 된다. 마음이 초조하면 감정을 다스리기가 어려워진다. 따라서 긴장감과 초조한 마음을 완화시키는 것이 필요하다. 초조를 완화시키는 방법에 대해 자기계발 동기부여가인 노만 V. 필 박사는 다음과 같이 제시하였다.

### 초조함을 완화시키는 6가지

- 너그러운 마음을 갖고 의자에 깊숙이 앉아 몸을 완전히 의자에 의지하도록 하자. 발끝에서 머리끝까지 신체의 모든 부분에 여유가 생겼다고 생각하자.
- 우리의 마음을 파도가 일고 폭풍이 불고 있는 호수와 같다고 생각하자. 그러나 이제 파도는 자고 호수는 거울과 같이 잔잔해졌다고 생각하자.
- , 3분 동안 우리가 여태까지 본 중에서 가장 아름답고 잔잔한 경치를 생각해 보자. 가령 해질 무렵의 산악, 정적으로 가득 찬 이른 아침의 깊은 계곡, 대낮의 수풀, 강물 위에 비치는 달빛 같은 것들. 기억 속에 이들 경치를 되살려보자.
- 고요와 평화를 나타내는 몇 가지 문구를 조용히, 그리고 천천히 가락에 맞추어 되풀이해보자. 예컨대 '고요하다, 온화하다, 여유가 있다'는 등의 말을 이와 비슷한 다른 말로 생각하여 되풀이해 보자.
- 우리가 지금까지 살면서 하나님의 주의 깊은 보호를 의식했을 때마다의 목록을 만들어 두고, 우리가 고민하고 우울에 빠졌을 때 지금까지는 어떻게 했나를 생각해 보자. 하나님은 우리를 지켜 주실 것이다.
- 마음을 너그럽게 하고 조용하게 해주는 놀라운 힘을 가지고 있는 다음 말을 반복해 보자. '주께서 심지가 견고한 자를 평강에 평강으로 지키시리니'(이사야 26장 3절). 조금이라도 틈이 있으면 하루에도 몇 번이고 되풀이하자. 하루 종일 몇 번이건 큰소리로 되풀이하자. 이 말을 강력

하게 살아 있는 것으로 받아들여 마음속에 깊이 침투시키고 우리 생각에 깊이 못 박이게 하자. 이것이야말로 마음으로부터 긴장을 제거시킬 가장 좋은 약인 것이다.

요즘 뉴스와 신문을 보면 자신의 화를 참지 못해 집에 불을 질러 가족이 참화를 입는 일이 비일비재하다. 또한 차를 몰고 애꿎은 남의 가게를 들이받는가 하면 자기 분에 못 이겨 자해를 하기도 한다. 화가 나는 일이 있더라도 차분히 마음을 가라앉히는 힘을 길러야 한다. 지금 부글부글 끓어오르는 화도 시간이 지나면 차분히 가라앉는다. 마음에 화가 쌓이지 않도록 풀어야 한다. 이에 대해 심리학자 바바라 골든은 이렇게 말했다.

"살다 보면 화나는 일도 참 많다. 화가 나는 이유는 다양하겠지만 무엇보다 그 화를 적절히 풀어내는 일이 굉장히 중요하다. 화가 제때에 사라지지 않으면 상대방보다 자신이 더 많은 상처를 받게 되기 때문이다. 화를 놓아버리지 않으면 억울함과 분노 같은 감정들이 계속해서 자신에게 해로운 영향을 준다.

일간신문 편집장에게 오는 편지들을 읽어보면 사람들이 무엇 때문에 괴로워하는지 대충 알 수 있다. 즐거운 경험을 떠올리거나 감사를 표하는 편지는 거의 찾아볼 수 없고 화를 내거나 자기가 어떤 사람인지 떠벌리는 내용이 대부분이다.

사람들이 느끼는 분노의 대상은 늘 자신과 마찰을 일으키는 어떤 행동 원칙과 규칙이다. 제대로 된 사람이라면 어떻게 해야 한다는 식으로 다른 사람을 평가하는 데 열을 올리지 말고 자기가 먼저 그런 사람이 되어보는 건 어떨까. 비판을 멈추고 당신이 먼저 변화하는 것이 화를 내며 발을 구르는 것보다 훨씬 현명한 일이다."

바바라 골든의 말처럼 화가 마음속에 쌓이지 않도록 그때마다 풀어야 한다. 특히 나이가 들어갈수록 화를 잘 풀어내야 한다. 그래야 건강하고 행복하게 살 수 있다.

Tip

## 분노로부터 벗어나는 좋은 생각

- 참을 수 없을 만큼 화가 나면 가슴을 쓰다듬으며 천천히 열까지 세어라. 그래도 안 가라앉으면 아무 생각하지 말고 백까지 세어라.
- 마음속에서 우러나오는 대로 백지에 적어라. 천천히 가급적 호흡을 가다듬으며 적어라.
- 깊은 숨을 크게 들이마시고 내뿜어라. 마음이 가라앉을 때까지 두 손을 가슴에 대고 반복해서 깊은 숨을 들이마시고 내뿜어라. 화가 가라앉을 때까지 계속하면 효과를 볼 수 있다.

# 친절하게 말하고 친절하게 행동하기

친절한 사람은 바라만 봐도 기분이 좋다. 마치 무더운 여름날 마시는 한 잔의 샘물처럼 시원함을 느낀다. 친절한 사람은 타고나야 한다. 친절한 사람은 공통점이 있다. 첫째는 따뜻한 마음을 가졌다. 마음이 따뜻해 작은 것도 그냥 지나침이 없다. 둘째, 세심한 마음을 가졌다. 그냥 지나칠 수 있는 것도 놓치지 않고 살핌으로써 상대에게 감동을 준다. 셋째, 배려하는 마음이 좋다. 자신이 조금 손해를 보더라도 상대에게 양보를 잘한다.

친절한 말 한마디, 친절한 행동은 사람들의 마음을 감동시킨다. 그래서 친절한 사람에게는 적이 없다. 이에 대해 벤저민 프랭클린 Benjamin Franklin은 이렇게 말했다.

"모든 사람에게 예의가 바르고 많은 사람에게 친절한 사람은 아무에게도 적이 되지 않는다."

또한 친절한 사람은 자신이 베푼 친절로 인해 남을 기쁘게 하지만 자신이 더 기쁨을 얻는다. 그래서 친절한 사람은 그렇지 않은 사람보다 더 행복하다. 이에 대해 철학자 플라톤은 다음과 같이 말했다.

"다른 사람에게 친절하고 관대한 것이 자기 마음의 평화를 유지하는 길이다. 남을 행복하게 할 수 있는 사람만이 행복을 얻을 수 있다."

친절한 말과 행동은 아무리 넘쳐도 부족하다. 하면 할수록 더 좋은 것이 친절한 말과 행동이다.

친절은 나이를 가리지 않는다. 나이가 들수록 더 온화하고 친절한 모습을 가져야 한다. 그것은 자신을 이롭게 하고, 가족을 이롭게 하고, 주변 사람들을 이롭게 하는 아름다운 행위이다. 그래서 《탈무드》는 이렇게 말한다.

"똑똑하기보다는 친절한 편이 더 낫다."

그렇다. 지식이 많고 똑똑한데 친절하지 않으면 도도해 보이고 교만해 보이지만, 친절한 사람은 어딜 가든 겸허하고 다정다감해 사람들에게 좋은 인상을 심어준다. 친절은 보증수표와 같아 친절한 사람은 믿음과 신뢰를 준다.

## ‖친절한 말과 행동이 그 사람의 인품을 결정한다‖

"친절은 햇빛이며 그 속에서 미덕이 자란다."

잉거솔이 한 말이다. 햇빛이 온 누리를 따뜻하게 비추어 주듯 친절은 사람들의 마음을 포근하게 해준다. 하지만 불친절은 얼음과 같아 사람들의 마음을 불편하게 하고 멀어지게 한다. 불친절로 인해 소중한 사람을 멀어지게 한 이야기이다.

영국에 어떤 남자가 있었다. 그는 작가로 이름이 널리 알려진 사람으로 그가 청년시절 사랑하는 여자에게 청혼을 하러 바삐 가고 있었다. 사랑하는 여자를 생각하는 것만으로도 기분이 들떠 있었다. 그러다 보니 머릿속엔 온통 사랑하는 여자로 가득 차 있었다. 그가 여자네 집이 있는 골목길로 들어서 급히 서두르다 그만 어떤 여자와 부딪쳤다. 순간 여자는 넘어졌고 아파서 어쩔 줄 몰라 했다. 하지만 그는 사과는커녕 여자의 집을 향해 뛰다시피 걸어갔다. 그런데 그때 이 모습을 여자가 창문을 통해 지켜보고 있었다. 그는 여자의 집 앞에 도착해 벨을 눌렀다. 잠시 후 문이 열리고 밖으로 나온 여자는 그 집의 여자 하인이었다.

"아가씨께서 만나고 싶지 않으니 그만 돌아가시랍니다."

여자 하인의 말에 그는 큰 충격을 받았다. 당연히 그녀가 나와서 반겨 맞을 줄 알았는데 그게 아니었다. 더군다나 그냥 돌아가라니 이해할 수가 없었다. 그는 아쉬운 발길을 돌려 힘없이 집으로 돌아왔다. 아무리 생각해도 이해할 수가 없어 그는 왜 자신을 반겨 맞아 주지 않았는지에 대해 편지를 써서 보냈다. 며칠 후 답장을 받았다. 답장에는 이렇게 쓰여 있었다.

내가 어째서 이러는지 그 이유에 대해 말씀드립니다. 며칠 전 저희 집을 향해 오다 당신이 어떤 여자와 부딪친 것을 본 적이 있습니다. 그때 당신은 여자를 일으켜 세워 사과를 했어야 마땅했습니다. 그런데 당신은 아무렇지도 않게 저의 집으로 왔습니다. 나는 당신이 한 행동을 도저히 이해할 수가 없습니다. 여자에게 사과를 하지 않은 당신에 대한 믿음이 떨어져 당신과는 더 이상 인연을 맺고 싶지 않군요. 부디 좋은 여자 만나 행복하게 사시길 바랍니다.

여자의 편지를 보고 그는 자신의 어리석음을 깊이 반성하고 그 이후로는 누구에게든지 친절하게 말하고 행동했다. 그는 바로 영국이 낳은 에세이스트 찰스 램이다. 세계적인 작가 찰스 램도 친절하지 못함으로써 사랑하는 여자에게 버림을 받고 말았다.

친절한 말과 행동은 누구나 할 수 있지만, 누구나 할 수 없는 일이기도 하다. 그렇다면 간단하다. 친절한 사람이 되는 것이다.

## ‖친절은 보증수표와 같아 그 사람을 신뢰하게 한다‖

친절한 사람은 언제 봐도 싱그럽다. 친절함이 사람들의 마음을 즐겁게 하기 때문이다. 그래서 친절한 사람은 친절함으로도 사람들에게 신뢰를 받기에 충분하다. 성공한 사람들 중에는 친절함으로 인해 성공한 이들이 많다. 이에 대한 아름다운 이야기이다.

미국 필라델피아 산골에 작은 호텔이 있었다. 비 오는 어느 날 밤 새벽 1시쯤 노부부가 현관문을 열고 들어와서 방을 달라고 했으나 그날따라 빈방이 하나도 없었다.

"죄송합니다만, 빈방이 하나도 없습니다."

호텔 직원은 이렇게 말하며 방이 없는 것이 마치 자신의 잘못인 양 난처해했다. 노신사는 난처한 표정으로 아내와 같이 현관문을 나섰다. 그때 젊은이가 말했다.

"저 손님, 제가 쓰는 방이 있는데 누추하지만 괜찮으시다면 방을 내드리겠습니다."

젊은이의 말에 반색을 하며 노신사가 말했다.

"오, 그래요. 그렇게 해준다면 나로서는 참으로 감사한 일이지요."

젊은이는 노부부를 데리고 자신의 방으로 갔다. 그는 깨끗하게 청소를 한 뒤 잠자리를 봐 주었다.

다음 날 아침 노신사는 기분 좋은 얼굴로 프런트로 왔다.

"편히 주무셨습니까?"

젊은이가 친절하게 물었다.

"덕분에 아주 잘 잤소. 당신은 미국에서 제일가는 호텔 지배인으로 일할 사람이오. 내가 그런 호텔을 지어주겠소."

노신사는 이렇게 말하며 호텔을 떠났다. 젊은이는 노신사의 말을 까맣게 잊고 지냈다. 그런데 2년 후 그는 어느 호텔 준공식에 초대를 받고 뉴욕으로 갔다. 그는 가면서도 자신을 초청한 사람이 누군지 도무지 알 수 없었다. 그가 뉴욕에 도착했을 때 노신사가 기다리고 있다 반갑게 맞아주었다. 그는 노신사를 알아보고 정중하게 인사를 했다. 노신사는 그를 데리고 새로 지은 멋진 건물로 데리고 가서 말했다.

"이 건물이 바로 내가 2년 전에 당신에게 약속했던 호텔이오. 오늘부터 당신은 이 호텔 총지배인이라오."

노신사의 말에 그는 깜짝 놀랐다. 자신이 본 그 어떤 호텔보다도 크고 아름다웠다. 필라델피아의 작은 호텔 직원이었던 그는 그날 이후 미국에서 가장 크고 멋진 호텔의 총지배인이 되었다. 그 호텔이 바로, 뉴욕 맨해튼의 랜드마크이자 '대통령들의 호텔'로 불리는 월도프 아스토리아 호텔이며, 그 직원의 이름은 조지 C. 볼트이다.

시골의 작은 호텔 직원이 친절 하나로 세계 최고의 호텔 총지배인이 된 것이다. 친절은 사람을 기분 좋게 하고 감동으로 이끈다. 친절은 인간과 인간관계를 매끄럽게 이어주는 소통의 필수 요소이다.

Tip

## 친절한 사람이 되는 좋은 생각

- 자신이 먼저 밝은 표정으로 인사를 하라. 누구나 이런 사람에게 호의를 갖는다.
- 말을 할 땐 부드러운 음성으로 말하고, 행동은 거부반응이 일어나지 않도록 자연스럽게 하는 것이 좋다.
- 상대가 도움을 요청할 때, 그 일이 불의한 일이 아닐 경우에는 성의껏 도와주어라. 상대는 그런 사람을 오래도록 기억한다.

# 친구 같은 부부로 살아가기

연애를 할 땐 다정다감하다가도 막상 결혼을 하고 나면 변하는 사람들이 있다. 어떤 경우에는 '이 사람이 나하고 연애할 때의 그 사람이 맞나?' 할 만큼 급변하는 경우에는 문제가 야기되는 경우가 종종 있다. 이런 행동을 취하는 것은 별로 좋을 것이 없다.

가장 이상적인 부부는 언제나 연인 같은, 또 때론 친구 같은 사이여야 한다. 특히 친구 같은 부부가 좋다. 자신의 친구들을 곰곰이 생각해 보라. 친구 사이는 우정으로 맺어졌기에 웬만해선 다 이해하려고 하고 아끼고 보듬어 주려고 한다. 그리고 서로를 있는 그대로 봐주고 간섭하지 않고 격려해준다. 그래서 친구관계는 변함이 없고 늙어 꼬부라질 때까지 오래가는 것이다. 이처럼 부부관계가 친구 같다면 서로를 더 챙겨주고 이해해주려고 할 것이다.

그런데 나이가 들어가면서도 자기의 주관대로 하거나 상대의 의견을 무시한다면 그것은 스스로 무덤을 파는 것과 같다. 특히, 남자의 경우에는 더욱 그러하다. 우리 사회에서 변화되고 있는 현상 가운데 하나는 바로 황혼이혼이다. 젊었을 때는 남편의 말에 고분고분 따르던 아내가 남편이 퇴직을 하고 나면 돌변하는 경우가 많다. 젊은 시절 남편에게 당했던 것을 되갚아 주려 하는 것이다. 남편이야 아내가 해주는 밥을 먹고, 해주는 빨래를 입다 보니 혼자서 무엇을 한다는 것에 익숙하지 않다. 그러다 보니 남편은 아내에게 더욱 의존하려고 한다. 그런데 아내는 남편의 이런 점을 지나치지 않고 남편이 변화하지 않고 젊었을 때처럼 군다면 용납하지 않으려고 한다. 그러다 보니 남편은 남편대로, 아내는 아내대로 따로 사는 경우가 많아지는 것이다.

나이가 들어갈수록 남자는 아이가 된다. 그러나 아내는 자신의 본모습을 그대로 갖고 간다. 서로가 서로에게 위안이 되고 힘이 되는 부부가 되어야겠다.

## ‖나이가 들수록 친구 같은 부부가 되기‖

가장 이상적인 부부는 서로가 서로에게 친구 같은 부부이다. 친구 같은 부부는 서로를 더 잘 이해하고, 수직관계가 아닌 수평관계이다. 남편과 아내가 동등한 입장에서 서로를 대하기 때문에 서로를 이해하고 받아들이는 폭이 넓다. 그런데 남편이 이를 깨닫지 못하고 자신이 하던 대로 한다면 그것은 자살행위와도 같다.

명국은 젊은 시절부터 퇴근해 집에 오거나 휴일날에는 손가락 하나 까딱하지 않는다. 속옷 차림으로 소파에 드러눕거나, 아니면 거실을 뒹굴거나 텔레비전을 보며 시간을 때운다. 아이들이 놀러 가자고 하면 마지못해 가는 게 고작이고, 자신이 먼저 가족을 데리고 가는 법이 없다. 아내를 항상 아내가 아닌 하인처럼 여겨 이거 해라, 저거 해라, 자기 멋대로 군다. 그러다 보니 아내의 스트레스는 쌓여 가기만 했다.

그의 나이는 59세, 그의 아내는 57세이다. 그런데도 그는 젊은 시절의 버릇을 고치지 못하고 자기 버릇대로 아내에게 해댔던 것이다. 그의 아내는 참다 참다 못해 그에게 경고를 날렸다. 그는 분위기 파악을 못하고 아내의 말을 깡그리 무시했다. 그러다 보니 부부싸움이 잦아졌고, 급기야는 아내를 폭행하는 사태가 벌어졌다. 그로 인해 아내는 그에게 이혼을 요구했고, 그는 버티다 더는 버티지 못하고 이혼에 동의하였다.

그는 혼자 산 지 2년이 되었지만 아직도 혼자 사는 일에 서툴다. 그는 자신의 못된 버릇을 뼈저리게 후회하고 있다.

"행복한 가정은 부부간에 희생 없이는 절대로 이어갈 수 없다. 희생은 그것을 실행하는 사람을 위대하게 한다."

프랑스 소설가 앙드레 지드Andre Gide의 말이다. 그렇다. 행복한 가정, 행복한 부부의 삶은 저절로 오지 않는다. 부부간에 희생이 없으면 절대 오지 않는다.

"결혼은 단순히 만들어 놓은 행복의 요리를 먹는 것이 아니라, 이제부터 노력하여 행복의 요리를 둘이서 만들어 먹는 것이다."

이는 피카이로가 한 말로서 결혼생활은 노력하며 살 때 행복해질 수 있다는 말이다. 옳은 말이다. 노력 없이는 그 어떤 것도 제대로 되지 않는다.

나이가 들수록 더 많은 노력이 필요하고 더 많은 이해가 필요하다. 이를 어길 시 부부 사이에는 싸늘한 냉기가 돌게 된다. 그러므로 행복한 가정, 행복한 부부가 되길 원한다면 노력하고 또 노력해야 한다.

## ‖자기를 버리고 상대를 바라보라‖

어느 날 길을 가는데 어떤 남자가 대로변 인도 벤치에 앉아 상추를 다듬고 있었다. 지나가는 사람들이 흘끗흘끗 쳐다봐도 온통 상추 다듬는 일에 집중했다. 그 모습을 보니 안쓰럽기도 하고 처량해 보이기도 했지만, 어쩌면 아내를 위해 하는 일이 아닌가 하는 생각이

들었다. 다음은 그러한 느낌을 갖고 쓴 〈상추를 다듬는 사내〉란 시이다.

대로변 옆 나무의자에
육십 대 초로의 사내가 구겨진 신문지처럼
비스듬히 기대고 앉아 어디서 따 왔는지 모를
어른 손바닥만 한 상추를 펼쳐 놓고 다듬고 있다.
다듬는 손놀림이 매우 익숙하다.
아주 오래전부터 손에 익은 것처럼
남자는 커다란 비닐봉투 주둥이를 벌리고
다듬은 상추를 가지런히 주워 담는다.

유월 어느 맑은 날 5시 대로변 옆 나무의자엔
씹다버린 껌 같은 초로의 사내가
지나가는 사람들을 전혀 의식하지 않고
굵은 힘줄을 드러낸 채 상추를 다듬고 있다.
저 상추는 오늘 저녁 누군가의 뱃속에서
열렬한 화학반응을 일으키게 될 것이다.
그리고 저 사내는 상추를 다듬은 대가로
김이 모락모락 피어나는 따뜻한 밥을 먹든지
아니면 제 손으로 찬밥덩이를 상추에 싸서 먹을 것이다.

사내는 내 마음을 읽은 것일까, 잠시 고개를 들고
쳐다본다, 눈이 부리부리하고 선이 굵다.
젊어 한때 여자들깨나 후렸을 것 같은 얼굴이다.
사내는 공연히 마른기침을 하더니 이내 고개를 숙여
상추 다듬는 일에 열중한다.
저 집중력은 어디서 오는 걸까, 남루한 현실
아니면 오랜 습관, 그도 저도 아니면 아내 눈칫밥이나
조금은 맘 편히 얻어먹을 요량으로일까, 생각는데
사내는 상추 다듬는 일에 온통 집중력을 쏟아붓고 있다.

이 시에서 보듯 나이가 들어 아내를 위해서 상추를 다듬는지, 혼자 사는 자신을 위해 다듬는지 알 수 없지만, 어쨌든 남자가 대로변에서 상추를 다듬는 모습은 그리 좋아 보이지는 않았다.

"결혼 생활에서 가장 중요한 것은 인내이다."

안톤 체호프의 말이다. 그렇다. 결혼생활에서 인내는 반드시 필요한 필수 요소이다. 자기를 바라보지 말고 아내는 남편을, 남편은 아내를 바라보라. 서로의 입장에서 바라보면 서로에 대한 이해의 폭이 커지고, 서로를 잘 이해하게 됨으로써 친구 같은 부부로 살아갈 수 있다. 그리고 자기계발의 권위자인 데일 카네기Dale Carnegie는 행복한 가정을 꾸려 행복하게 살기 위해서는 다음 법칙을 지키라고 강조한다. 첫째, 바가지를 긁지 말라. 둘째, 상대를 지배하지 말라. 셋째, 비평하지 말라. 넷째, 정직하게 칭찬하라. 다섯째, 관심을 가져

라. 여섯째, 예의를 지켜라.

옳은 말이다. 데일 카네기의 이 여섯 가지 법칙을 잘 적용한다면 친구 같은 부부로 즐겁게 살아갈 수 있을 것이다.

Tip

## 친구 같은 부부로 사는 좋은 생각

- 서로를 아낌없이 칭찬하라. 칭찬은 고래를 춤추게 하고, 무생물인 자동차도 칭찬을 하면 고장 없이 잘 굴러간다. 남편은 아내를, 아내는 남편을 칭찬하라.

- 하루에 한 번 이상은 반드시 애정표현을 하라. 연애시절엔 잠시도 안 보면 죽겠다며 연신 "아이 러브 유" 하다가도, 결혼해서 느낄 만큼 느끼고 겪어 신비감이 떨어지면 서로가 무덤덤해진다. 그러다 보면 자신들도 모르는 사이에 소원해지고, 그것이 습관화가 되면 소 닭 쳐다보듯 되고 만다.

- 아무리 바빠도 하루 30분씩 둘만의 대화를 즐겨라. 순수하게 둘만의 대화를 30분 정도 갖는 부부는 극히 드물다고 한다. 기껏해야 집안 얘기, 애들 얘기 등의 일상적인 얘기고 보니 둘 사이에 보이지 않는 벽이 생긴다. 그리고 그 벽은 오래지 않아 만리장성처럼 변해 부부 사이가 천리만리 멀어지고 만다.

# 마음을 비우고 화끈하게 용서하기

자신에게 잘못한 사람을 용서한다는 것은 쉽지 않다. 상대를 용서하는 것은 절대적인 배려와 사랑이 없으면 할 수 없는 일이다. 용서는 또 다른 사랑의 이름이다.

살아가다 보면 아무것도 아닌 일로 서로 상처를 주기도 하고, 또는 고의적으로 아픔을 주고 고통을 주기도 한다. 이럴 때 상처를 입고 아픔을 당하고 고통을 겪은 사람은 가해자를 미워하게 되고, 때에 따라서는 자신이 당한 대로 되갚아주기도 한다. 그러나 사람들 중에는 용서함으로써 가해자로 하여금 깊이 반성하는 기회를 주기도 한다. 물론 이렇게 하기란 쉽지 않다. 그 어떤 것보다 어려운 일이다.

잘못을 저지른 사람을 용서하게 되면 자신의 마음이 평안하게 되고, 상대에겐 잊지 못할 좋은 사람으로 기억되며, 주변 사람들에게는 좋은 이미지를 준다. 용서는 가장 아름다운 삶의 기술 중 하나이다.

"복수할 때는 인간은 적과 같은 수준이 된다. 그러나 용서를 할 때 그는 원수보다 우월해진다."

영국의 철학자이자 정치가인 프랜시스 베이컨Francis Bacon이 한 말로 용서하는 사람은 그만큼 인격적으로 상대보다 뛰어남을 뜻한다. 용서는 아무나 할 수 없는 것이기에 더욱 그러하다.

"가장 나쁜 사람은 용서를 모르는 사람이다."

영국의 신학자이자 설교가인 토머스 풀러Thomas Fuller의 말이다. 용서를 모르는 사람은 가장 나쁜 사람이라니, 이 말은 어찌 보면 인간의 한계를 뛰어넘으라는 말처럼 들린다. 즉 용서하기 힘들어도 용서를 하라는 말이다.

나이가 들어도 용서하기란 쉽지 않다. 그러나 그럼에도 용서를 해야 한다. 그래야 자신의 마음을 기쁘게 함으로써 지금보다 더 나은 행복을 누리며 살게 될 것이기 때문이다.

## ‖용서는 가장 아름답고 아름다운 인생의 선물이다‖

용서처럼 어려운 일은 없다. 그리고 용서처럼 아름다운 일도 없다. 용서하기는 어렵지만, 용서하면 자신의 마음속에 평화의 세계가 열린다. 기쁨의 꽃이 피고 세상을 좀 더 아름답게 바라보는 마음이 생긴다. 그리고 그것은 자신에게 충만한 행복을 가져다준다. 결국 용서란 자신을 위하는 일이다.

"용서하는 것, 그것만이 그를 놓아주는 유일한 방법이다. 그들이 용서를 구할 때까지 기다리지 말라. 왜냐하면 그것은 그보다 당신 자신을 위한 것이기 때문이다."

가톨릭과 일치운동을 펼치는 것으로 유명한 미국인 목사 릭 워렌의 말처럼, 용서는 결국 자신을 위한 아름다운 행위인 것이다.

《프랑스 혁명사》란 위대한 명저를 쓴 프랑스 사상가인 토머스 칼라일이 오랫동안 힘들게 원고를 탈고하였다. 그는 이웃에 사는 밀에게 원고를 읽어봐 달라고 했다. 그런데 깜짝 놀랄 일이 벌어졌다. 밀의 하녀가 밀이 읽다가 만 책상 위에 널브러져 있는 원고를 버려도 되는 줄 알고는 그만 태워버리고 말았던 것이다. 이 일을 알게 된 토머스 칼라일은 큰 충격을 받아 한동안 시름 속에 잠겼다.

그러던 어느 날 길을 가다 벽돌을 하나하나 쌓아 벽을 만드는 것을 보고 생각했다. 그가 한 생각은 벽돌공은 한 번에 한 개의 벽돌을 쌓아 벽을 만든다는 것이었다. 그는 순간 '그래, 나도 한 페이지씩 다시 원고를 쓰는 거야.' 그렇게 생각한 그는 상심한 마음을 접고 다시 글을 쓰기 시작했다. 그런 각고의 시간을 거친 끝에 지난번 원고보다 더 좋은 원고를 쓰게 되었다. 그리고 그 원고는 《프랑스 혁명사》란 이름으로 출판되었다.

칼라일은 친구 밀에게도 밀의 하녀에게도 그 어떤 보상도 요구하지 않았다. 그는 엄청난 충격 속에서도 그들을 용서하고 온 힘을 기울여 더 멋진 원고를 썼으며 그 원고는 길이 남는 책이 되었다.

어느 아파트에서 있었던 일이다. 어떤 신사가 그 아파트로 이사를 온 이후 아침마다 신문이 없어졌다. 그는 신문사 지국에 전화를 걸어 신문이 안 온다고 말했다. 하지만 하루도 빠뜨리지 않고 배달을 했다고 말했다. 신사는 생각했다. '그래, 내가 아침마다 살펴봐야겠다.' 이렇게 생각한 그는 아침운동을 나갔다 신문이 배달되는 때에 맞춰 집으로 돌아왔다.

그러던 어느 날 엘리베이터에서 내리다 같은 통로 맨 끝에 사는 남자가 신문을 갖고 가는 것을 보게 되었다. 그 사람 역시 신사를 보고 말았다. 그는 얼떨결에 신문을 떨어뜨렸다. 신사는 그 모습을 보고 웃으며 말했다.

"신문을 보시고 현관 앞에 갖다 놓으세요."

그러자 그는 아무런 말도 못하고 고개를 까딱하고는 자기 집으로 쏜살같이 사라졌다. 그 후 신문이 없어지는 일은 없었다.

신사는 그를 충분히 야단칠 수 있었지만 그러지 않았다. 오히려 그에게 신문을 먼저 보라고 말했다. 신사의 너그러운 말과 행동에 그는 더 이상 신문을 가져가지 않았다.

이 두 이야기를 통해 타인을 '용서'한다는 것이 얼마나 멋지고 아름다운 일인지를 잘 알 수 있다. 용서는 감동이다. 용서는 사랑이다. 용서하는 마음으로 살면 세상이 더 아름답고 더 행복하다.

## ‖마음을 비우면 용서할 수 있다‖

용서는 마음을 비우는 일이다. 용서는 마음을 내려놓는 일이다. 용서는 너그러운 행위이며 서로를 단단하게 옭아매는 사랑의 끈이다. 또한 사랑은 용기이다. 용기 있는 자만이 하는 것이 용서이다.

두 형제가 오랫동안 쌓인 감정을 풀지 못했다. 서로가 서로에게 문제가 있다고 양보하지 않았던 것이다. 그러나 팔십이 다 되어서야 비로소 서로를 인정하고 가슴속에 쌓인 앙금을 풀어낼 수 있었다. 형이 먼저 동생에게 찾아가 손을 내밀었던 것이다. 형이 손을 내밀자 동생 역시 손을 내밀어 형의 손을 꼭 잡았다. 그들은 서로를 간절히 원했지만 먼저 손을 내밀 용기가 없었던 것이다. 결국 형이 먼저 손을 내밀면서 둘은 서로를 이해하고 다시 형제로 돌아간 것이다.

그 후 그들은 꽉 막힌 체증이 풀린 것처럼 답답했던 마음을 벗고, 가벼운 마음으로 행복하게 살고 있다. 그것을 보며 용서는 반드시 해야 한다는 것을 알 수 있었다.

나를 한껏 낮춰 몸을 굽히고
따뜻한 눈빛으로 용서할 수 있다면
그것은 얼마나 아름다운 일이겠는가.

나의 허물을 감추지 않고 거짓 없는

마음으로 용서를 구할 수 있다면
그 또한 얼마나 아름다운 일이겠는가.

나를 낮추지 못하고 굽히지 못하고
허물을 감추려고만 하니
용서하고 용서받지 못하는 우리들의 시대는
마치 어둠에 잠긴 뒷골목을 걸어갈 때처럼 쓸쓸하다.

용서란 개인과 개인 사이
개인과 사회 사이 사회와 사회가 조화롭게
이어가는 징검다리와 같은 것이려니,

나를 낮추지 못하고 나의 허물을
감추려고만 하는 이 지독한 모순으로 인해
오늘도 이 대지엔 대립만 저리도 난무한다.

내가 살기 위해 네가 살기 위해 썩은 허물을 버려야 할지니,
위로만 치솟으려는 오만을 꺾어내려야 할지니
용서란 용기 있는 자만이 하고
용서받을 수 있는 자만이 할 수 있는
순정한 영혼의 발자국이다.

앞의 시는 나의 〈용서〉라는 시이다. 이 시에는 진정한 용서란 무엇이며, 어떻게 하면 용서를 할 수 있는지에 대해 잘 나타나 있다.

세네카는 "용서를 받으려면 먼저 용서하라."고 했으며, 러셀은 "용서하는 것이 용서받는 것보다 낫다. 우리는 끊임없이 용서해야 한다. 그럼으로써 우리 자신도 누군가로부터, 또는 신으로부터 용서받을 수 있는 것이다."라고 말했다. 또한 영국의 시인 브라우닝은 "용서하는 일은 좋은 일이다. 그러나 잊는 일은 더욱 좋은 일이다." 라고 했다.

이렇듯 용서는 인간관계에서 반드시 필요하고, 먼저 용서하는 자가 더 행복하고 평안한 삶을 살게 되는 것이다.

Tip

## 상대를 용서하는 좋은 생각

- 용서는 인간관계를 끈끈하게 이어주는 아름다운 행위이다. 아름다운 인간관계를 위해서는 먼저 용서해야 한다.

- 용서는 사랑이다. 용서하는 마음을 갖기 위해서는 이해의 폭을 넓혀야 한다. 용서는 이해함으로써 더 잘할 수 있게 된다.

- 용서를 하면, 하는 사람이 더 행복하다. 용서는 자기를 사랑하는 사람이 더 잘할 수 있다. 자신을 사랑하는 마음을 길러야 한다.

# 감정을 억지로 숨기지 않기

'사람은 감정의 동물'이란 말이 있듯 상황에 따라 희로애락이 변화무쌍하다. 그래서 어떤 사람들은 감정 변화의 기복이 심한 반면, 어떤 사람들은 감정 변화의 기복이 크게 나타나지 않는다. 감정은 억지로 숨긴다고 좋은 것은 아니다. 좋은 것은 좋다, 즐거운 것은 즐겁다는 말은 잘해도, 나 지금 많이 힘들다, 나 지금 많이 슬프다, 하는 등의 말은 잘 안 한다.

정작 잘해야 하는 것은 힘들다, 어렵다, 슬프다 하는 등의 감정 표현이다. 이런 감정 표현은 숨기면 좋지 않다. 정신 건강에도 안 좋고, 그것이 지나치면 건강을 상하게 할 수 있다.

"나, 지금 많이 힘들어. 그러니까 날 좀 이해해 주었으면 좋겠어."

"나, 지금 마음이 너무 괴로워. 그러니까 내가 좀 이상하다고 생각되어도 이해해줘."

"나, 지금 너무 슬퍼. 그러니까 내 표정이 좋아 보이지 않아도 이해해 주었으면 해."

이렇게 자신의 감정을 표현하는 것이 좋다. 그러면 가족이나 주변 사람들의 이해의 폭을 넓힐 수 있어 오해 사는 일이 줄어든다. 그러나 그렇지 않으면 공연히 오해를 사게 됨으로써 가족이나 주변 사람들과 불편한 상황에 놓이게 된다. 감정을 억지로 숨기는 것은 좋지 않다. 상대에게 불편을 주지 않는 범위에서 솔직하게 감정을 드러냄으로써 이해를 구하는 것이 감정을 참음으로써  생길 수 있는 우를 미연에 방지할 수 있다.

그런데 여기서 필히 짚고 가야 할 점은 감정을 대놓고 드러내는 것은 좋지 않다는 것이다. 도를 넘어서는 감정은 이성을 마비시키고 상황을 어렵게 만들어 자신은 물론 상대를 불편하게 한다. 이에 대해 발타자르 그라시안은 이렇게 말했다.

"감정은 언제나 이성을 짓밟아 버리는 경향이 있다. 감정에 충실하면 모든 것이 광기로 흐르기 쉽다."

그렇다. 감정을 너무 내세우는 것은 경계해야 한다. 그러나 자신의 의사를 표현하는 정도의 감정은 상대로 하여금 이해를 구할 수 있어 인간관계를 유기적으로 이끌어 낼 수 있다.

## ‖감정을 잘 다스리면 인간관계에 도움이 된다‖

'감정적이다, 감정이 지나치다'는 말은 좋지 않다. 그것은 자신은 물론 상대를 피곤하게 하고 불편하게 하며 인간관계를 악화시킨다. 그러나 감정을 잘 조절하면 인간관계를 유기적으로 이끌어 갈 수 있다. 또한 나쁜 상황으로 치달을 수 있는 것을 막아줌으로써 불행에 처할 수 있는 상황을 평탄케 할 수 있다. 감정을 드러낸다고 해서 무조건 나쁜 것은 아니다. 감정의 수위를 어떻게 조절하느냐가 문제인 것이다. 다음은 감정을 잘 표현함으로써 화병에서 벗어난 이야기이다.

경란은 마음이 유순해서 남에게 싫은 말을 못한다. 자신에게 불리한 상황이나 억울한 상황에서도 상대에게 자신의 감정을 표현하지 않는다. 무조건 참고 본다. 그러다 보니 상황이 악화되는 경우는 거의 없다. 그런데 문제는 무조건 감정을 절제하다 보니 언젠가부터 화병이 생겼다. 기분 상한 말을 듣거나 큰소리치는 일이 있으면 가슴이 뛰곤 한다. 그런데다가 얼굴이 발갛게 상기된다. 그리고 소화도 안 되고 자신도 모르게 한숨을 쉬는 습관까지 생겼다. 그녀는 참는 것만이 능사라고 생각하고 그렇게 지내온 것이다. 그러다 보니 그만 병이 되고 만 것이다. 그녀는 한의원에 다니며 치료를 하기도 하고, 심리치료도 받았다. 하지만 그녀의 화병은 좀처럼 낫지 않아, 그녀는 마음을 평온하게 가지라는 의사의 말에 따라 되도록 마음을 차분히 하는데도 잘되지 않았다. 그런데 언젠가부터 자신의 감정을 솔직하게 표현하기 시작했다. 그랬더니 놀랍게도 가슴이 후련해지는 걸 느낄 수 있었다. 그 후 그녀는 자신의 감정을 솔직하게 밝힘으로써 체증처럼 굳어버린 화병을 고칠 수 있었다.

다음은 감정을 숨김으로 해서 빚어진 안타까운 이야기이다.

상구는 15년 차 직장인으로 상사의 신임이 두텁고 동료와 후배들 사이에 사람 좋다는 말을 듣는 모범사원이었다. 그러던 어느 날 노조문제로 인해 사소한 오해가 생겼다. 노조의 비밀 문건이 누출된 것이다. 그런데 누출 대상자로 그를 지목한 것이다. 그는 자신은 아무런 잘못이 없다고 항변했지만 받아들여지지 않았다. 하루아침에 동료와 후배직원들에게 왕따를 당하며 밀고자, 배신자라는 등의 입에 담지 못할 말을 들으면서 크게 상심하였다. 그런데 그는 아내에게 자신의 억울한 감정을 숨기며 힘겹게 하루하루를 버티었다. 그러나 날이 가면 갈수록 의심의 눈초리는 더 심해졌다. 너무나 억울한 그는 자신의 결백을 주장하는 유서를 남기고는 스스로 죽음을 택했다. 그가 죽고 난 후 그가 아닌 다른 사람으로 밝혀지며 그의 누명은 씻을 수 있었다. 하지만 그는 누명을 벗는 대신 사랑하는 가족의 곁을 영원히 떠난 것이다. 이 소식을 들은 그의 아내와 아이들은 남편이자 아빠인 그를 생각하며 통곡하였다.

그가 자신의 억울함을 아내에게 호소했다면 사정은 달라졌을 것이다. 이렇듯 지나친 감정억제는 불행을 낳는 씨앗이다. 감정을 너무 드러내는 것도 좋지 않지만 너무 숨기는 것도 좋지 않다. 감정을 잘 표현하는 것이야말로 자신은 물론 상대에게도 좋은 일이다.

## ‖불필요한 감정 반드시 필요한 감정‖

불필요한 감정은 자신뿐만 아니라 가족과 친구, 직장동료, 주변 사람들을 언짢게 만든다. 불필요한 감정은 자신의 감정을 조절하지 못해서 생긴다. 불필요한 감정은 자신의 기분에 따라 내는 감정이므로 순전히 자신의 기분에 의해 좌우된다. 그래서 불필요한 감정은 스스로를 불편하게 하고 그로 인해 주변 사람들까지도 불편하게 만든다. 이런 감정은 그 사람을 변덕이 죽 끓듯 하는 사람으로 인식시키고, 그것이 심할 때에는 그 사람을 경계하게 만드는 요인이 되게 한다. 불필요한 감정은 백해무익한 감정일 뿐 자신에게나 타인에게 아무런 도움도 되지 않는다.

그러나 반드시 필요한 감정은 자신뿐만 아니라 가족과 친구, 직장동료, 주변 사람들을 기분 좋게 만든다. 또한 자신의 감정을 숨기지 않고 행동함으로써 타인이 불편해할 수 있는 오해를 불식시킬 수 있다. 내가 지금 기분이 좋지 않으니 이해를 부탁한다든가, 내가 지금 마음이 울적하니 이해해 달라든가 한다면 가족이나 친구, 직장동료, 주변 사람들은 그를 이해함으로써 불편한 마음이 초래될 수 있는 것을 막을 수 있다.

이렇듯 불필요한 감정을 표현하는 것은 비생산적이고, 비소통적이다. 그래서 매사를 그르치게 하고 불편하게 만든다. 하지만 필요한 감정은 생산적이고 소통적이어서 자신과 타인 간에 생길 수 있는 오해와 불편함을 일으키지 않는다. 따라서 하등의 쓸모없는 불편한 감정은 쓰레기통에 던져버리고, 필요한 감정을 솔직하게 표현함으로써 자신은 물론 타인들의 기분을 불편하게 하지 말아야 한다. 그것이야말로 인간과 인간관계를 매끄럽게 해줌으로써 모두에게 생산적인 소통이 되기 때문이다.

자신의 인생을 최고의 순간으로 끌어올린 사람들은 대개 감정조절에 능한 사람들이라는 걸 알 수 있다. 물론 이렇게 말하면 반론을 제기할 수도 있을 것이다. 하지만 이는 엄연한 사실이다. 특히, 경제적으로 또는 정치적으로, 언론학적으로 성공한 이들은 대개 감정조절에 능하다. 하지만 문학이나 음악, 미술 등 감성적인 작용이 많이 따르는 것은 그 특성상 예외적이라고 할 수 있다. 따라서 예술적인 감수성을 가진 이들 외에 모두는 자신이 어떻게 감정을 조절하느냐에 따라 자신의 인생을 자신이 원하는 방향으로 이끌어가게 될 것이다.

"모든 감정들이 고요할 때 마음이 평안하게 되었을 때, 지성이 흔들리지 않고 있을 때 이때를 현자는 지고의 경지라고 말한다."

이는 인도의 가장 오래된 경전인 우파니샤드Upanishad에 나오는 말이다. 이 말에서처럼 지고의 경지는 아니더라도 최소한 불필요한 감정과 필요한 감정을 구분지음으로써 나이 들어가는 자신의 인생을 보다 생산적이고 행복하게 이끌어 가야 하지 않을까 한다.

Tip

## 감정을 조절하는 좋은 생각

- 지나친 감정 억제는 자신뿐만 아니라 상대에게도 좋지 않다. 지나치지만 않다면 억제보다는 솔직한 감정표현을 하는 것이 바람직하다.
- 불필요한 감정 표현은 자신과 상대를 불편하게 한다. 불필요한 감정은 억제하는 것이 좋다.
- 감정표현은 인간교류에 있어 필수적이다. 좋으면 '좋다', 나쁘면 '나쁘다'라고 말하되 상황을 잘 파악하고 적절할 때 표현하는 것이 좋다.

# 나를 구속하는 매임으로부터 놓여나기

사람들은 저마다 매임으로부터 자유롭지 못하다. 사랑에 매이고, 물질에 매이고, 명예에 매이고, 권세에 매이고, 학벌에 매이고, 지연地緣에 매이고 그저 온갖 것들의 매임으로부터 자유롭지 못하다. 이런 매임에 빠지다 보면 자아를 상실하게 되고, 삶의 본질에서 멀어지게 된다.

사랑에 매이면 사랑의 노예가 되고, 물질에 매이면 물질의 노예가 되고, 명예에 매이면 명예의 노예가 되고, 권세에 매이면 권세의 노예가 되고, 학벌에 매이면 학벌의 노예가 되고, 지연에 매이면 지연의 노예가 된다.

노예란 무엇인가? 자기 맘대로 할 수 없는 매인 신분이 아닌가. 그렇다. 노예는 자유롭지 못한 존재다. 그런데 사랑에 매이고, 물질에 매이고, 명예 · 권세 · 학벌 · 지연에 매인다고 해보라. 온전한 이해와 판단력을 잃게 됨으로써 인생을 불행하게 살아가게 된다.

매임으로부터 자유로워지려면 지나치게 욕심을 부리지 말고 내려놓으면 된다. 앞에서 말한 것들로부터 놓여날 때 진정으로 자신이 원하는 삶을 살 수 있다.

"당신의 힘으로 어찌할 수 없는 일 때문에 괴로워해 본 적이 있는가? 사람들은 죽음이 임박했거나 모든 것을 잃고 어디에 기대야 할지 알 수 없을 때, 혹은 인생의 막다른 벽에 부딪히는 순간이 와야만 모든 것을 내려놓을 수 있다고 생각한다. 그리고 그전까지는 많은 시간을 무의미한 일들을 걱정하는 데 써 버린다.

'내려놓는 법'을 알고 나면 지금까지 경험했던 어떤 것보다 훨씬 더 큰 내면의 평화를 느낄 수 있으며, 그로써 마음이 자유로워지는 것을 느낄 수 있을 것이다. 당신은 내려놓을 준비가 되어 있는가? 그렇다면 '평화'라는 선물을 받을 것이다."

심리학자 바바라 골든의 말이다. 자신이 생각하는 것을 내려놓기가 쉽지만은 않을 것이다. 그러나 진정한 평안을 위해서는 매이지 말고 내려놓을 줄 알아야 한다.

## ‖매임은 자신을 스스로 구속하는 행위이다‖

매인다는 것은 구속당하는 것이다. 그것도 타인으로부터 매임을 당하는 것이 아니라 자신이 스스로를 구속하는 행위이다. 매임이 문제가 되는 것은 매임으로써 집착하게 되고, 집착이 지나치면 문제가 발생할 수 있기 때문이다. 사랑에 집착하다 그것이 뜻대로 되지 않았을 때 일어나는 불상사가 그러하다. 또한 물질에 매여 은행직원이 고객의 돈 수십억 원을 빼돌려 구속당하고, 명예에 집착하다 법적 문제에 이르러 인생에 오점을 남기기도 하고, 권세에 눈이 멀어 정의를 부정하고 불의와 타협하고, 학벌에 눈이 멀어 학력을 위조하여 안생을 망치기도 한다.

매인다는 것은 욕망을 의미한다. 사람에게 욕망이 없을 수는 없다. 다만 지나친 것이 문제이다. 매임으로 해서 벌어진 일이다.

김경식은 수십억을 가진 재산가이다. 그는 젊은 시절, 시장 좌판에서 장사를 시작한 이래 돈이 될 수 있다면 죄를 짓지 않는 범위에서 무엇이든 했다. 그는 먹는 것조차 아까워 하루에 두 끼씩 먹으며 알뜰살뜰 돈을 모았다. 그렇게 해서 집을 사고 땅을 사고 5층 건물을 지었다.

그러던 어느 날 그에게 젊고 예쁜 여자가 생겼다. 그가 재산가라는 걸 알고 여자가 그에게 접근한 것이다. 그는 젊은 여자의 환심을 사기 위해 다이아 반지를 선물하고, 명품 가방에 백에 옷을 선물하였다. 또 그는 여자의 명의로 48평 아파트를 사주었다. 그뿐만 아니라 외제차도 선물했다. 그러다 조강지처를 버리고 젊은 여자와 살림을 차렸다. 여자에게 빠진 그는 재산을 아까워하지 않고 물 쓰듯 써

댔다. 그렇게 3년을 사는 동안 그의 재산은 절반도 안 남았다.

그러던 어느 날 여자가 자취를 감추고 말았다. 자신의 명의로 된 아파트를 팔고, 수억이 넘는 패물과 십억이 넘는 돈과 가져갈 수 있는 것은 모두 정리해서 사라진 것이다. 그는 여자를 찾으러 다녔지만 결국 찾지 못한 채 병을 얻어 눕고 말았다. 그는 젊은 여자에게 매여 재산을 잃고 병까지 얻고 말았다. 그는 지금도 그때 일을 생각하면 자신의 어리석음에 허탈해하곤 한다.

이민호는 애써 모은 20억이 넘는 돈을 카지노를 들락거리며 다 날리고 말았다. 그가 그처럼 무모한 짓을 하게 된 것은 지인들과 같이 우연히 카지노에 놀러 갔다가 그만 재미를 들인 것이다. 그는 카지노의 마력에 빠져 주말마다 카지노로 갔다. 그는 갈 때마다 가지고 있던 돈을 다 날리고 말았다. 그러자 본전 생각이 나 견딜 수가 없었다. 그러는 동안 그는 갖고 있던 재산을 모두 날리고 말았다. 게다가 아파트까지 담보대출을 받아 카지노에 쏟아부었다. 하지만 그에게 남은 거라고는 아무것도 없었다. 그는 아내에게 이혼을 당하고 직장에서도 퇴출되었다.

물질에 매여 그는 전 재산을 다 잃고 가족에게마저 내쳐짐을 당했다. 그는 지금 택시 운전을 하며 살고 있다.

사랑에 매이고, 물질에 매여 재산을 잃고 가족으로부터 외면당한 두 남자의 경우를 볼 때, 무엇에 매인다는 것은 스스로를 구속하는 일이라는 걸 알 수 있다. 그런데도 사람들은 무엇엔가 매이기를 바란다. 물론 그것이 매이려고 해서 생기는 일이 아니라 은연중에 그렇게 되고 마는 것이다. 어찌 됐든 매인다는 것은 구속을 의미하는 부정적인 행위이다. 자신의 인생을 매임으로 해서 망치는 일은 없어야 하겠다.

## ‖매임은 매임일 뿐 그것으로부터 벗어나기‖

무엇에 매인다는 것은 항시 조심해야 한다. 인간은 살아가는 동안 수많은 매임으로부터 자유롭지 못하기 때문이다. 우리나라의 역사로 볼 때나 세계사적으로 볼 때, 수많은 이들이 매임으로 해서 힘겹게 쌓아올린 명성의 탑을 무너뜨리곤 했다. 그리고 현실에서도 매임으로 해서 자신의 수고를 헛되게 하는 일들이 비일비재하다.

여자와의 문제로 힘겹게 이룬 자리에서 퇴출당하는 고급공무원, 부하 여군에게 못된 짓을 해서 자리에서 쫓겨난 장성, 여 제자를 성추행해 교수직에서 해임당하고 명예를 더럽힌 교수들, 어린 여 제자를 성추행해 자리에서 파면당한 교사를 비롯해 많은 이들이 매임으로 해서 하루아침에 자신의 이름을 더럽힌 채 거리로 내쫓김을 당한다.

매임으로부터 자유롭기 위해서는 마음에서 치솟아 오르는 욕망의 불씨를 잘라버려야 한다. 물론 욕망의 불씨를 마음으로부터 떼어낸다는 것은 쉽지 않다. 욕망의 불씨는 찰거머리와 같아 한번 달라붙으면 떨어질 줄을 모른다. 그러나 반드시 떼어내야 한다. 그렇지 않으면 그것에 매이게 되고, 매임으로써 자신이 쌓아 올린 명성과 재물을 한순간에 날려버릴 수 있다.

매임은 그저 매임일 뿐이다. 다만 그것으로부터 벗어나지 않으면 자신은 물론 자신의 가족 모두가 불행의 늪에 빠질 수 있다. 나이 들어가면서 매임에 빠져 허우적거리는 사람들을 많이 보았다. 나이가 들어도 매임으로부터 자유롭지 못하다는 것은 인격적으로 수양이 덜 되었기 때문이다. 만일, 지금 이순간 자신이 어떤 매임에 매이려고 한다면 앞뒤 가리지 말고 그 매임으로부터 떨어져야 한다. 그렇지 않으면 자신도 모르는 사이에 매이게 되는 불상사를 낳게 될 것이다.

매임으로부터 놓여나는 지혜로운 당신이 되어야 한다. 그것이야말로 가장 확실한 자기 방어이자 자신을 더럽히지 않는 지혜인 것이다.

Tip

## 매임으로부터 놓여나는 좋은 생각

- 매임은 언제나 우리를 노리고 있다. 매임의 유혹이 다가올 땐 과감하게 걷어차 버려야 한다.
- 매임은 때를 가리지 않는다. 또한 사람도 가리지 않는다. 다만 매임을 당하게 하려고 이리와 같이 눈을 번뜩인다.
- 자신이 무언가에 꽂힌다는 느낌이 올 땐 각별히 주의하라. 이것에 매임으로 내가 과연 어떻게 될지에 대해서 곰곰이 생각한다면 매임으로부터 자유로울 수 있다.

# 참 좋은 인생을 위한 소중한 것들에 대한 생각

인생은 누구에게나 단 한 번뿐이다. '이처럼 소중한 인생을 어떻게 함부로 살아갈 수 있을까.'에 대해 늘 생각해야 한다. 나이가 많든 적든 그것은 자신의 인생에 대한 배려이며 예의이다. 자칫해서 잘못된 길로 빠지게 되면 부끄러운 인생으로 전락하고, 두고두고 후회하며 살게 될 것이기 때문이다.

참 소중한 인생은 물질의 풍요, 명예를 높이는 일, 좋은 자리에 오르는 것에도 있지만 그보다는 자신의 삶의 가치를 끌어올려 만족하는 데 있다고 하겠다. 가령 풍요로운 물질을 소유하였지만 자신과 자신의 가족만을 위해 쓴다면, 그것은 기쁘고 행복한 일은 될 수 있을지언정 참 소중한 인생이라고는 할 수 없다. 나와 타인, 그리고 자신이 속한 사회를 위해 작은 밀알 같은 삶을 살 때, 참 소중한 인생이라고 할 수 있다.

미국의 기부문화 1세대라고 부르는 앤드류 카네기Andrew Carnegie, 존 데이비슨 록펠러John Davison Rockefeller를 본다면 그들은 힘들게 번 돈을 사회에 환원함으로써 소중한 삶의 가치가 무엇인지를 잘 보여주었다. 그들의 이러한 삶의 자세는 후세의 빌 게이츠, 워렌 버핏 등 많은 미국인들로 하여금 기부문화에 동참하는 데 큰 역할을 하였다. 미국의 기부문화가 세계에서도 단연 으뜸인 것은 몸소 모범적인 소중한 삶의 가치를 부여한 카네기와 록펠러 같은 위대한 인물이 존재했기에 가능하다.

이에 비해 우리나라의 기업인들은 자신의 쌓아올린 부는 자신이 잘나고 똑똑해서라고 생각하는 것 같다. 그렇게 하기 위해 내 일처럼 열심히 일한 직원들의 노고는 아랑곳하지 않는다. 쌓아두는 것만이 능사라고 아는 것이다. 우리나라 기업인치고 카네기와 록펠러, 빌 게이츠, 워렌 버핏 같은 이들이 없다는 것은 유감이며 심히 부끄러운 일이 아닐 수 없다.

인생에 있어 정말 소중한 것은 인생의 참된 삶의 가치를 실천하는 일이다. 모든 삶은 조화로운 가운데 더 빛을 발하는 법이다. 잘사는 사람, 못사는 사람들이 서로 공존하며 살 때, 그리고 지위가 높은 사람이나 낮은 사람이 서로를 존중하며 살 때 참 좋은 인생으로 살아갈 수 있다.

"스스로를 돕지 않고는 진정으로 다른 사람들을 도와줄 수 없다. 이 사실이야말로 우리의 삶이 주는 가장 아름다운 대가 중 하나다."

미국의 시인이자 사상가인 랠프 왈도 에머슨이 한 말이다. 이 말에서 보듯 진정으로 소중한 인생은 자신을 돕듯 남을 돕는 사람, 그런 삶을 살아가는 사람들이라고 하겠다.

## ‖더불어 살아가는 참 소중한 인생의 길‖

사람은 누구나 소중한 존재이다. 각자에겐 누구의 간섭도 받지 않고 헌법이 정한 법 안에서 인간답게 살 권리와 자유, 행복할 권리, 소중한 삶을 살 권리가 있다. 이를 간섭해서도 안 되고, 이를 악용해서도 안 된다. 다른 사람들에게 피해를 주지 않는 가운데 자신에게 주어진 권리와 자유를 만끽하며 살아야 한다. 그러기 위해서는 철저하게 자신을 관리해야 한다. 자칫 잘못하면 아니한 것만도 못하기 때문이다.

참 좋은 인생을 살아가기 위해서는 소중한 것들에 대해 실천해야 한다. 자신을 돕듯 남을 돕는 일은 그것이 어떤 일이든 상관없다. 남을 돕는다는 것, 그 자체가 중요하기 때문이다.

퇴임을 하고 퇴직금을 제자들을 위한 장학금으로 내놓은 교수, 자신의 사재를 털어 노숙자들에게 먹을 것을 제공하는 시민, 자신의 재능을 아낌없이 기부하는 가수, 자신의 집을 작은 도서관으로 개조하여 책읽기에 앞장서는 시민, 사랑의 연탄은행을 운영하는 시민,

서점을 운영하며 나온 수익금으로 매년 중고등 학생들의 장학금을 내놓은 서점 대표, 일요일마다 거리를 깨끗이 청소하는 중소기업 대표, 휴일마다 보육원과 양로원을 찾아가 음악을 연주하는 경찰관, 파지를 모아 어려운 이웃을 돕는 어르신 등 우리 주변에는 이름 없이 빛도 없이 소중한 삶을 살기 위해 수고하고 애쓰는 참 좋은 인생들이 있다.

참 좋은 인생은 억지로 되는 게 아니다. 마음에서 우러나와야 할 수 있는 것이다. 참 좋은 인생을 살 것인가, 아니면 자신만을 위한 인생으로 끝낼 것인가는 오직 자신의 결정에 달려 있다.

잘 쑤어진 메주콩처럼
푹 익어서 사람 냄새 폴폴 나는
삶이 되어야 한다.

그래서 누군가의
허전한 빈 가슴을 채워주고,
잘 뜬 청국장처럼
누군가의 상처 입은 마음을
보듬어 안을 수 있는
사람 향기 그윽한 삶이어야 한다.

우리는 저마다의 길에서
저마다의 이름과 빛깔과 소리로
저마다 꿈꾸는 그곳을 향해 나아간다.
그 길을 가다 보면 뜻하지 않는 일로
어쩌지 못하고 난감해할 때
가만가만 손잡아 이끄는
김치처럼 잘 익은 맛있는 삶이어야 한다.

그 누구에게라도 편견두지 않고,
따뜻한 눈길을 건네고
미소 지으며 성큼성큼 다가가
가슴으로 품어 줄 수 있는 삶이어야 한다.

이는 나의 〈참 좋은 인생〉이란 시이다. 이 시에서처럼 우리는 사람 냄새 폴폴 나는, 잘 뜬 청국장 같은, 잘 익은 김치처럼 잘 익은 참 좋은 인생이 되어야 한다.

## ‖참 좋은 인생은 모두를 행복하게 한다‖

참 좋은 인생으로 살아가느냐, 그렇지 않느냐는 오직 자신의 결정에 달렸다. 사리사욕을 위해 참 좋은 인생으로 위장하는 사람도 있고, 자신을 드러내기 위해 참 좋은 인생으로 위장하는 사람들도 있다. 이런 사람은 스스로를 속이고, 허망한 삶에 굴레에 빠지곤 한다.

참 좋은 인생이 되기 위한 소중한 것들에 대한 생각을 한번쯤 살펴보는 것도 매우 좋을 듯하다.

### 참 좋은 인생으로 사는 참 소중한 생각

- 사리사욕을 버리고 순수한 마음으로 남을 위해 봉사해야 한다.
- 자신을 돕는 것처럼 진지하게, 정성으로 타인을 도와야 한다.
- 자신이 한 일에 대해 조용히 살펴봄으로써, 잘된 것과 잘못된 것을 가리어 더 잘할 수 있도록 마음을 가다듬어야 한다.
- 복된 삶을 살아야겠다고 스스로에게 다짐하고, 다짐하라. 스스로를 복되게 해야 한다.
- 참 좋은 인생은 노력 없이 될 수 없다. 자신과 타인, 사회를 위해 노력해야 한다.
- 의미 있는 일들은 그 어떤 일이라 할지라도 소중한 일이다. 그 일이 크든 작든 가리지 말고 해야 한다.
- 사람과 사람의 관계는 함께함으로써 더욱 사람답게 맺어진다. 편견을 버리고 사람을 대해야 한다. 그러는 가운데 삶의 가치는 더욱 커지고 그럼으로써 참 좋은 인생이 되는 것이다.

"대개 행복하게 지내는 사람은 노력가이다. 게으름뱅이가 행복하게 사는 것을 보았는가. 노력의 결과로써 오는 어떤 성과의 기쁨 없이는 누구나 참된 행복은 누릴 수 없기 때문이다. 수확의 기쁨은 그 흘린 땀에 정비례하는 것이다."

영국의 시인이자 화가인 윌리엄 블레이크William Blake의 말이다. 여기서 대개 행복한 사람은 노력가라고 했는데 이들 또한 참 좋은 인생이라고 할 수 있다.

"세상의 참다운 행복은 남에게서 받는 것이 아니라 내가 남에게 주는 것이다. 그것이 물질적인 것이든 정신적인 것이든 인간에게 있어서 가장 아름다운 행동이기 때문이다."

프랑스 소설가이자 비평가인 아나톨 프랑스의 말이다. 이 말에서 보듯 타인을 위해서 물질적인 것이든 정신적인 것을 줄 수 있을 때 참 행복은 오는 것이고, 그것은 결국 참 좋은 인생이 되는 길이다.

모든 사람은 자신의 인생을 참 좋은 인생으로 살 권리가 있다. 다만 소중하고 가치 있는 것들을 통해서만이 참 좋은 인생으로 거듭날 수 있는 것이다.

Tip

## 참 좋은 인생이 되는 좋은 생각

- 자신만을 위해 사는 삶은 이기적인 삶이다. 나와 너, 우리가 함께하는 삶이야말로 참 좋은 인생이다.
- 보람 있는 일을 통해서만이 삶의 가치를 느낄 수 있다. 가치 있는 인생이 참 좋은 인생이다.
- 행복은 공유하면 할수록 더 커진다. 왜냐하면 행복을 공유함으로써 더 많은 사람들에게 행복이 전달되기 때문이다.

chapter 5

# 젊고 생동감 있게 삶을 리모델링하기

# 사랑하는 사람과 남산 케이블카 타보기

나이가 들면 하고 싶은 일들이 종종 생긴다. 젊었을 때 해보지 못한 것에 대한 아쉬움이 들기 때문이다. 물론 젊은 시절에 해보았던 것들도 다시 해보고 싶은 마음이 생기기도 한다. 추억의 그림자는 언제나 사람들을 동심의 세계로 이끌고, 동심의 숲으로 인도한다.

'서울' 하면 가장 먼저 떠오르는 것 중 남산을 빼놓을 수 없다. 비록 높지는 않지만 서울 도심 한복판에 우뚝 솟아 있어 서울 어느 곳에서나 바라볼 수 있는 명소이다. 남산에는 케이블카가 있고, N서울타워(남산타워)가 하늘을 치솟듯 솟아 있어 보는 이들의 눈을 자극시킨다.

남산의 명물 케이블카는 남녀노소 할 것 없이 누구에게나 관심대상 1호이다. 남산 케이블카를 타기 위해서는 차를 타고 케이블카 출발지점으로 가거나, 아니면 지하철 충무로역에서 천천히 걸어도 15분이면 도착할 수 있다. 더구나 남산을 오르는 길을 따라 걸어 올라가면 운치도 있고, 낭만도 느낄 수 있다. 특히 저녁노을이 지는 시간에 맞춰 사랑하는 사람과 걸어 올라가면 그 정취는 배가 된다. 사랑하는 사람이 부부일 수도 있고, 연인일 수도 있겠지만 아무튼 사랑하는 사람과 함께한다는 것은 기분을 상승시키고 즐거움을 극대화시킨다.

남산 길을 오르다 보면 우측으로는 유명한 남산의 명물 왕돈가스 가게가 줄지어 서 있다. 왕돈가스를 맥주와 곁들여 먹으면 일품이다. 왕돈가스를 먹고 남산 케이블카를 타도 좋고, 케이블카를 타고 나서 왕돈가스를 먹어도 좋다. 각자가 자신의 형편에 따라 하면 된다. 중요한 것은 남산 케이블카를 타고 낭만에 잠겨 즐거움을 느껴보라는 것이다.

'사람은 추억을 먹고 사는 동물이다'라는 말이 있듯 추억은 언제나 마음의 보석으로 남아 반짝반짝 빛을 발한다. 그 추억의 숲으로 여행을 떠나 봄이 어떨까 한다.

## ∥추억은 언제나 아름다운 기억이다∥

명준 부부는 결혼 27년 차 부부다. 둘이 처음 만나 남산 케이블카를 탄 이래 한 번도 케이블카를 탄 적이 없다. 사는 게 바쁘다 보니 서울에 살면서도 늘 바라보기만 할 뿐 케이블카를 타고 올라볼 생각은 하지 않았다.

그러던 어느 날 퇴근을 한 명준이 말했다.

"여보, 우리 이번 토요일에 남산 케이블카를 타 보는 게 어때?"

명준의 아내는 남편의 뜻밖의 제의에 흔쾌히 말했다.

"그래, 그렇게 해. 나도 당신과 같이 케이블카를 타보고 싶었어. 그동안 생각만 했는데 그런 내 마음을 어떻게 알았을까."

"그래? 역시 당신과 나는 통하는 데가 있어. 안 그래?"

명준의 말에 그의 아내는 환하게 웃으며 좋아했다.

토요일이 되자 명준 부부는 산뜻하게 차려입고 남산 길을 따라 걸어 올라갔다. 10월 초순의 맑은 날씨는 걷기에 딱 좋았다. 때마침 바람도 산들산들 불어 폐부 깊숙이 시원함을 느꼈다. 명준은 가만히 손을 내밀어 아내의 손을 잡았다. 아내는 그를 바라보며 그의 손을 꼭 잡았다. 부부는 손을 잡고 걸었다. 아무런 말을 하지 않아도 좋았다. 느낌만으로도 서로의 따뜻한 감정이 서로의 가슴에 물결치며 흘러넘쳤다.

"여보, 이렇게 당신하고 남산 길을 걸으니 당신을 처음 만났을 때 생각이 새록새록 피어나네. 그때 당신 정말 풋풋하고 예뻤지. 지금도 마찬가지지만."

"어머, 그래? 당신은 어떻고. 당신 또한 참 멋졌지. 내 눈엔 알랭 드롱보다도 더 멋졌지."

"그래? 기분 좋은데. 당신에게 칭찬을 다 듣고."

명준이 아내의 말에 너털웃음을 지으며 말하자 그의 아내도 즐겁게 웃었다.

얘기를 하는 동안 케이블카를 타는 곳에 도착했다. 사람들이 제법 많았다. 표를 끊고 케이블카에 올랐다. 잠시 후 케이블카는 남산을 향해 오르기 시작했다. 명준은 아내의 어깨를 감싸 안았다. 그러자 그의 아내는 엷은 미소를 띠며 왼쪽 눈을 찡긋해 보였다. 서울 시내가 한눈에 보였다. 저 멀리 한강이 보이고 유람선이 떠가는 모습이 들어왔다. 명준 부부는 그 멋진 풍광을 스마트폰으로 찍었다. 다른 사람들 또한 즐거운 기분에 들떠 있었다.

잠시 후 케이블카가 멈추자 명준 부부는 남산 정상으로 갔다. 그곳에서 그들 부부는 사랑의 열쇠에 행운을 담은 글을 쓰고 걸었다. 그리고 그들 부부는 N서울타워에 올라 전망대에서 구경을 한 뒤 레스토랑에서 점심식사를 했다. 분위기가 사람의 마음을 사로잡는다고 했던가, 명준 부부는 한껏 기분이 고조되었다.

"진작 왔어야 했는데 여보, 미안해. 내가 너무 무심했어."

명준은 아내에게 미안해 이렇게 말했다.

"그게 무슨 말이야? 이렇게 오랜만에 오니까 더 좋잖아. 그런 생각하지 마. 난 지금 이 순간이 너무 좋아."

명준은 아내의 말에 미안했던 감정이 누그러졌다. 그들 부부는 셀카를 찍고 내려왔다. 잠시 팔각정에 앉아 불어오는 바람을 맞으며 지난 시절 이야기꽃을 피웠다. 결혼을 하고 아이들을 낳고 부부가 함께 늙어간다는 게 오늘처럼 행복한 적이 또 있을까 싶을 만큼 명준 부부는 행복한 하루를 만끽하였다.

## ‖가끔은 몸과 마음을 편안하게 풀어주기‖

심신이 고달프면 스트레스가 쌓이고, 사랑하는 사람들끼리–부부든 연인이든–감정이 격양되어 종종 부딪치게 된다. 이럴 때 둘만의 추억이 잠긴 곳으로 추억 여행을 떠나거나 둘만이 하고 싶은 것을 해본다면 좋은 효과를 낼 수 있다.

특히 부부의 경우는 함께한 세월의 깊이만큼 추억도 많다. 그 많은 추억 속에서 가장 해보고 싶은 것을 해본다면 지난날의 소중했던 기억이 떠올라 지금 이 순간이 참 행복하다는 걸 느끼게 된다.

"사랑했던 시절의 따스한 추억과 뜨거운 그리움은 신비한 사랑의 힘에 의해 언제까지나 사라지지 않고 남아 있게 한다."

17세기 스페인의 철학자이자 예수회 신부인 발타자르 그라시안의 말이다. 그라시안의 말에서 보듯 사랑했던 추억은 언제까지나 사라지지 않고 반짝이는 마음의 보석이다.

"추억은 일종의 만남이다."

레바논계의 미국인 시인이자 작가인 칼릴 지브란Kahlil Gibran의 말이다. 칼릴 지브란의 말처럼 추억은 지난날과 현재를 이어주는 시간의 만남이며 세월의 만남이다. 그래서 추억은 소중한 기억인 것이다.

"고생했던 추억도 지나고 보니 상쾌하다."

고대 그리스 3대 비극작가인 에우리피데스Euripides가 한 말로 한마디로 추억은 그 어떤 것일지라도 아름답다는 것을 의미한다.

발타자르 그라시안, 칼릴 지브란, 에우리피데스 등의 말을 보더라도 추억은 인간에게 없어서는 안 되는 절대적인 감성이라는 것을 알 수 있다. 가끔은 몸과 마음을 풀어주기 위한 추억의 시간 속으로의 여행을 해보는 것이 좋을 듯하다.

남산은 서울 한복판에 있어 전국 어느 곳에서나 자유롭게 이용하기에 편리하다. 가끔 시간을 내어 남산 케이블카를 타고 남산에 올라보라. 추억과 낭만을 느끼기에 충분하고도 남음이 있을 것이다. 또한 한층 젊어진 기분을 느끼게 됨으로써 삶의 활력을 얻게 될 것이다.

Tip

## 남산에 오르는 좋은 생각

- 남산을 오르는 길은 여러 갈래다. 자신이 편리하게 오를 수 있는 곳으로 오르는 것이 좋다.
- 남산엔 케이블카와 N서울타워, 팔각정, 봉화대 등 다양한 볼거리가 있다. 그곳에 올라 하루를 맘껏 즐긴다면 고갈된 에너지를 보충할 수 있을 것이다.
- 남산은 추억이 있는 부부에게는 추억을 선물하고, 한창 열애에 빠진 연인들에게는 낭만과 추억을 선물할 것이다. 또한 가족들에게는 즐겁고 유쾌한 시간을 선물하기에 부족함이 없다.

# 운치 넘치는 삼청동 길 걸어보기

서울에서 걷기 좋은 곳으로 삼청동 길을 빼놓을 수 없다. 특히 인사동을 거쳐 가는 길은 더 운치가 있다. 현대와 과거가 조화롭게 어울려 있는 골목길을 걷는 재미란 그 깊이를 더한다. 그 길을 걷다 보면 어릴 적에 동네 친구들과 날이 어둑해지도록 뛰어놀던 때가 생각나고, 형과 누나들이 몰래 연애편지를 주고받던 일이 생각난다. 예전의 골목길은 단순한 골목길이 아니었다. 그 길은 사랑의 길이며, 아이들의 놀이터며, 동네 이야기들이 모여들던 사랑방이었으며, 두부 장수, 떡 장수, 아이스케키 장수, 방울 장수 등 온갖 살거리들이 지나치던 길이었다.

동네 골목길은 어디를 가나 비슷했다. 그만큼 골목길은 모든 사람들에게는 정답고 포근한 어머니 품 같은 길이었다. 그런데 지금은 아파트, 빌라, 다세대주택 등에 밀려 골목길이 점점 사라지고 있어 아쉬움이 크다. 이럴 때 삼청동길이나 인사동 길, 덕수궁 길 등을 걸어본다면 예전의 정겨웠던 시절을 떠올리며 복잡한 현실에서 잠시 벗어나 여유로운 시간을 즐길 수 있다.

특히 삼청동 길은 앞에서도 밝혔듯이 현대와 과거가 잘 어우러져 마치 이국의 거리를 걷는 듯하다. 골목길엔 갖가지 옷가게와 액세서리 가게 등이 도열하듯 길게 줄지어 서 있고, 카페와 레스토랑 등이 곳곳에 있어 차를 마시거나 식사를 할 수 있어 언제든지 방문을 해도 좋다.

삼청동 길은 사랑하는 연인과 같이 걸어도 좋고, 머리가 희끗희끗한 나이 든 부부가 걸어도 좋고, 젊은 부부가 걸어도 좋고, 친구들끼리 걸어도 좋고, 가족이 걸어도 좋고, 단체로 걸어도 좋고, 홀로 걸어도 좋다.

삼청동 길을 걷다 보면 한 편의 시가 생각나고, 저절로 노래를 흥얼흥얼거리게 되고, 푸른 풀빛 같은 동심이 새록새록 피어나기도 하고, 동요가 생각나기도 한다. 삼청동 길은 마음을 따뜻하게 하고, 순수하게 하고, 옛사랑이 생각나는 길이기도 하다.

마음이 울적한 날이나, 마음이 달꽃 같은 환한 날이나, 부슬부슬 가랑비가 내리는 날이나, 나폴나폴 눈이 내리는 날이나, 낙엽이 사르르 소리를 내며 날리는 날이나, 첫사랑이 생각나는 날이나, 지나간 것들이 못 견디게 그리운 날이나, 사랑이 하고 싶은 날은 삼청동 길을 걸어가 보라. 마음이 따뜻해지며 환하게 밝아오는 느낌만으로도 진한 행복을 느낄 것이다.

## ‖삼청동 길을 걸으며 삶과 사랑을 생각하다‖

김직은 사랑하는 여인과 가랑비가 부슬부슬 내리는 날 인사동 길을 빠져나와 삼청동 길을 향해 걸었다. 오랜 세월 홀로 지낸 끝에 만난 여인과 우산을 쓰고 함께 걷는 길은 마치 1964년 자크 드미 감독의 영화 '쉘부르의 우산'을 생각나게 했다. 김직의 가슴은 환한 열정으로 가득 차올랐다. 홀로 지낸 시절의 고독과 외로움을 단숨에 날려버릴 만큼 가슴이 뜨거워졌던 것이다. 그와 함께 걷는 여인 또한 기쁨으로 가득한 미소를 띠었다.

"김 선생님은 골목길을 좋아하세요?"

여인이 물었다.

"네. 골목길을 걸으면 마음이 한없이 포근해져 옴을 느끼지요. 그래서 가끔 골목길을 혼자 걸을 때가 있어요. 그런데 아쉽게도 개발에 밀려 골목길이 점점 사라지고 있어요."

김직은 엷은 미소를 지으며 말했다.

"맞아요. 전엔 곳곳마다 골목길이 많았는데 아파트가 주요 주거지가 되는 관계로 단독주택들이 많이 사라졌어요. 저도 그게 참 아쉬워요."

그녀는 이렇게 말하며 왼손으로 앞이마의 머리카락을 쓸어 올렸다. 그 모습을 바라보는 김직의 눈은 깊은 호수처럼 반짝거렸다.

그렇게 오순도순 이야기를 나누며 걷다 액세서리 가게에 들어가 김직은 그녀에게 브로치를 사주었다. 그녀는 브로치를 코트에 꽂으며 행복한 미소를 지었다. 밖으로 나온 그들은 카페에 들어가 아메리카노를 마셨다. 마침 김직이 좋아하는 렛 잇 비 미Let It Be Me가 조용히 흘러나와 즐거움을 한껏 더해 주었다. 그의 여인도 마냥 함박 미소를 지었다. 밖에는 늦가을 비가 부슬부슬 내려 카페는 더욱 안온했다.

밖으로 나온 그들은 다시 골목길을 따라 걷기 시작했다. 말이 없어도 좋았다. 그냥 걷기만 해도 시가 되고, 노래가 되고, 그림이 되었다. 비가 오는데도 제법 많은 사람들이 오고 가 골목길은 활기가 넘쳤다. 그들은 30분을 걷고 나서 다시 되돌아서서 걸었다. 사랑하는 사람과 나란히 걷는 것만으로도 충만한 가슴은 말로 형언키 어려울 만큼 낭만적이었다.

그들은 어느 식당 앞에 멈추어 섰다. 삼청동 수제비 집이었다. 그들은 동동주와 수제비를 시켜 먹었다. 소박한 음식에 소박한 술이 오히려 좋은 날이었다. 한참을 앉아 이런저런 이야기를 나누었다. 사랑하는 사람과, 그것도 나이 들어 새로운 사랑을 한다는 것은 인생의 시며, 축복의 노래였다.

그날은 김직에게 그 어느 때보다도 행복한 날이었다. 그의 여인 또한 그와 같은 생각으로 그 어느 때보다 즐겁고 가슴이 따뜻한 하루였다.

## ‖골목길은 마음의 고향 가끔은 골목길을 걸어보라‖

골목길은 어머니 품같이 안온한 길이다. 나이가 든 이들은 골목길의 추억이 남다를 것이다. 예전의 골목길은 단순한 골목길이 아니라 마음의 고향 같은 길이다. 학교를 마치고 집으로 오면 아이들은 약속이나 한 듯 우르르 골목길로 쏟아져 나온다. 지금처럼 마땅한 놀이가 없어도, 남자아이들은 고무공 하나만 있으면 마냥 신이 난다. 여자아이들은 고무줄만 있어도 해가 지는지 모르게 흥겹게 논다.

그런데 지금은 도시개발에 밀려 골목길이 점점 사라지고 있다. 이러다간 박물관에서 모형으로나 보게 되는 건 아닐까, 염려 아닌 염려를 하게 된다. 다음 시는 이런 아쉬움을 담아 쓴 나의〈골목길〉이란 시이다.

가끔 큰길 놔두고 골목길을 걸어갈 때가 있다.
골목길을 걸어가면 마음이 포근해진다.
마치 유년 시절 어머니가 학교 가던 나를
대문에서 바라보고 계시는 것 같다.
골목길은 집들이 어깨를 나란히 한 사이로 나 있어
골목길을 걸어갈 때면 어머니 품속을 걷는 것 같다.
골목길을 사이에 두고 이웃들이 정을 나누던
시절이 전설처럼 떠오른다.
도시 곳곳마다 아파트가 성냥곽 속 성냥처럼

빽빽이 들어차 골목길은 사양길에 접어든
사업품목처럼 하나둘 자취를 감춘다.
사는 일이 가끔 그대를 슬프게 할 땐
어머니의 정다운 목소리가, 아버지의 따뜻한 숨결이
잠들어 있을 것만 같은 골목길을 천천히 걸어가 보라.
보이는 것만이 다가 아니라는 것을 알게 될 것이다.
보이지 않는 것이야말로 진정 우리를
행복하게 한다는 것을 발견하게 될 것이다.
골목길이 사라져 가는 것이 나를 슬프게 한다.
손에 쥔 소중한 그 무엇을 잃을 것만 같아
자꾸만 자꾸만 골목길로 발길이 향한다.

이 시에서 보듯 골목길은 우리의 소중한 문화와도 같다. 가끔은 골목길을 걸으며 사색에 잠기는 것도 좋다. 또한 가족과 같이, 연인과 같이, 부부가 같이 골목길을 걸어보라. 특히 머리가 백발인 노부부가 걷는 골목길을 상상해보라. 그 자체만으로도 얼마나 멋진 풍경인가. 골목길은 꿈의 길이며, 낭만의 길이며, 사랑의 길이다.

Tip

## 삼청동 길을 걷는 좋은 생각

- 사랑하는 부부끼리 삼청동 길을 걸으며, 서로에게 고마웠던 일, 섭섭했던 일, 서로에게 하고 싶은데 미처 하지 못한 말 등을 해보라. 특히 나이 든 부부가 팔짱을 끼고 걷는다면 참 좋은 그림이 될 것이다.
- 나이 들어 새로운 사람을 만나 새롭게 시작하는 사람들이라면 삼청동 길을 걸어보라. 젊은 연인 같은 풋풋함으로 서로의 사랑을 더욱 가깝게 할 것이다.
- 가족이 함께 삼청동 길을 걸어보라. 가족의 화목을 통해 더욱 사랑스런 가족, 가족의 소중함을 가슴 깊이 느끼는 경험을 하게 될 것이다.

# 사랑하는 사람과 덕수궁 돌아보기

덕수궁은 대한제국의 정궁으로 원래는 성종(9대)의 형인 월산대군의 저택이었다. 임진왜란 때 서울의 모든 궁궐이 불타 없어지자 1593년(선조 26년)부터 선조의 임시 거처로 사용되다가 광해군이 1611년(광해 3년) 정릉동 행궁으로 불리던 이곳에 '경운궁'이라는 정식 궁호를 붙여주었다. 그 후 광해군이 1615년(광해 7년) 재건한 창덕궁으로 어가를 옮기고 경운궁은 별궁으로 남게 되었다.

경운궁은 1897년 대한제국 출범과 함께 한국 근대사의 전면에 등장했다. 전성기 때의 경운궁은 현재 넓이의 3배에 달하는 큰 궁궐이었다. 현재의 미국대사 관저 건너편 서쪽에는 중명전을 비롯해 황실 생활을 위한 전각들이 있었고, 북쪽에는 역대 임금들을 제사 지내는 선원전 일원이 있었으며, 동쪽에는 하늘에 제사 지내는 환구단을 설치하여 황제국의 위세를 과시했다. 그러나 고종황제가 황위에서 물러

나면서 경운궁은 선황제가 거처하는 궁으로 그 위상이 달라졌고, 이름도 덕수궁으로 바뀌었다. 이후 궐내각사 일부와 환구단이 철거되었고, 이 지역은 대한제국의 상징 공간으로서의 위상을 잃게 되었다.

고종이 승하한 뒤 1920년부터 일제가 선원전과 중명전 일대를 매각하여 궁역이 크게 줄어들었으며, 1933년에는 많은 전각들을 철거하고 공원으로 조성하여 일반에 공개했다. 이처럼 덕수궁은 일제강점기를 거치면서 원형을 거의 찾아볼 수 없을 정도로 훼손되었으나, 임진왜란과 대한제국의 역사적 사건을 겪은 궁궐로 국난 극복의 상징적 공간이자 그 중심이었다.

덕수궁에는 대한문 일원, 공식적 행사를 치렀던 궁궐의 으뜸 전각인 중화전과 임진왜란 때 선조가 임시로 거처했던 즉조당과 고종의 환어와 함께 1897년에 건립된 왕의 침전인 함녕전과 1900년 러시아 건축가 사바친이 한식과 양식을 절충해 설계한 건축물로 고종이 커피를 마시며 외국 사절들과 연회를 즐기던 정관헌과 고종이 침전 겸 편전으로 사용하기 위해 1900년부터 1910년에 걸쳐 지은 서양식 석조건물인 석조전이 있다.

특히 연인들이 즐겨 걷던 덕수궁 돌담길은 예나 지금이나 한번쯤 걸어보고 싶은 길로 많은 이들이 이 길을 오가고 있다.

## ‖사랑하는 사람과 함께 덕수궁 돌아보기‖

나이 들어 부부가 함께 걸으며 돌아보기 좋은 곳이 덕수궁이다. 덕수궁은 그 규모는 보잘것없으나 서울 한복판에 자리하고 있어 어디서든 오가기가 편리한 공간이다. 그렇게 크지도 작지도 않은, 화려하지는 않지만 수수한 풍광이 더욱 친밀감을 준다. 그래서 평일에도 이곳은 많은 시민들이 즐겨 찾는 곳이기도 하다.

햇살 눈부시게 아름다운 가을날 세희 부부는 모처럼 덕수궁 나들이 길에 나섰다. 서울에 살면서도 한 번도 덕수궁에 간 적이 없다. 물론 그 앞으로 지나가 본 적은 있지만, 대한문 안으로 들어가 본 적은 없다.

그런데 세희 남편이 지난주 덕수궁으로 데이트를 가자고 한 것이다. 세희는 계절이 계절이니만큼 나들이 장소로 고궁도 좋겠다는 생각이 들어 흔쾌히 그러겠다고 한 것이다. 세희 부부는 호젓하게 걷고 싶어 차는 두고 그냥 지하철을 이용하기로 하였다. 승용차를 타고 다니다 가끔씩 지하철을 타면 그런대로 재미도 있어 세희 남편이 더 좋아했다.

서울시청역에서 내린 부부는 덕수궁으로 가는 통로를 따라 팔짱을 끼고 걸었다.

"이렇게 당신과 단둘이 걸어가니 옛날 생각이 나네."

세희 남편이 빙그레 웃으며 말했다. 세희는 그의 말에 "그렇지?"

하고 말하며 환하게 웃었다. 밖으로 나온 세희 부부는 표를 끊어 들어갔다. 사람들이 제법 많았다. 세희 부부는 안내문을 읽은 후 오른편에 있는 연못으로 난 길로 향했다. 작은 연못이 숲으로 둘러싸여 제법 운치를 느낄 수 있었다. 세희 부부는 벤치에 앉아 여러 차례 사진을 찍고 다시 걸음을 옮겨 놓았다. 세희 부부는 함녕전에 들러 살펴보았다. 고종의 침전으로 건립된 건물이며, 뒤에 있는 덕흥전은 고종황제가 고위 관료와 외교사절을 맞아하는 접견실로 사용하던 곳이었다. 세희 부부는 이번에는 고종황제가 차를 마시며 휴식을 하던 정관헌으로 갔다. 이곳은 체험을 할 수 있도록 해 세희 부부는 신을 벗고 들어가 의자에 앉아 사진을 찍고는 잠시 이야기를 나눴다. 정관헌을 나와 그들 부부는 죽조당으로 가서 살펴본 뒤 뒤쪽으로 난 오솔길을 따라 걸었다. 작은 동산처럼 되어 있어 마치 숲길을 걷는 듯한 기분에 그들 부부는 매우 흥겨워했다.

"여보, 당신 옛날 생각나? 우리가 처음 만나 강릉 경포대에 갔을 때 소나무 숲길을 걷던 그때 말야."

"그럼, 생각나고말고. 그때 당신이 나 업어주었잖아."

세희는 남편의 말에 그때가 생각난 듯 엷게 웃으며 말했다,

"그럼, 그때처럼 지금 업어 줄까?"

"아유, 됐네요. 남들이 보면 흉봐."

"흉볼 테면 보라지 뭐. 자, 이리 업혀."

세희 남편은 등을 대며 앉았다. 세희가 그런 남편의 허리를 마구 간질이자 남편은 껄껄대며 얼른 자리에서 일어났다. 세희 부부는 큰

소리로 웃었다. 마음속에 쌓인 스트레스가 한 번에 다 풀린 기분이었다. 새들도 그런 부부의 마음을 아는지 일제히 째재잭거리며 울어댔다.

작은 오솔길을 빠져나와 이번엔 서양식 건물인 석조전으로 가서 여러 차례에 걸쳐 사진을 찍고는 지하실에 전시되어 있는 전시물을 본 뒤 밖으로 나왔다. 세희 부부는 비단처럼 고운 가을 햇살이 덕수궁을 환하게 비추어 소풍 온 아이들처럼 즐거워했다.

그들 부부는 휴게실로 가서 커피를 사 들고는 의자에 앉아 군밤을 먹으며 마셨다. 커피 맛이 한층 깊었다. 세희 부부가 비둘기와 참새에게 군밤을 잘게 잘라 주자 비둘기와 참새는 얼른 쪼아 먹었다. 사람 발밑에서도 전혀 요동도 없다. 사람이 자신들을 해치지 않는다는 걸 아는 까닭이다.

"여보, 당신 덕분에 오늘 좋은 구경했어."

"그랬어? 나도 모처럼 동심으로 돌아가 맘껏 신이 났는데."

세희 부부는 이렇게 말하며 활짝 웃었다. 집으로 돌아오는 길에 인사동으로 가서 저녁을 먹고 집으로 돌아왔다. 그날 하루는 세희 부부에게 있어 참으로 행복이 충만한 날이었다.

## ‖고궁古宮은 과거와 현재를 잇는 공간이다‖

고궁 나들이는 과거를 통해 현재를 확연하게 들여다볼 수 있는 공간이다. 고궁은 임금이 살며 집무를 보던 곳으로 누구나 한번쯤은 가볼 만한 좋은 장소이다. 서울 한복판에 덕수궁이 있다는 것은 대단한 축복이다.

나 역시 덕수궁을 돌아보고 그 느낌이 참 좋아 〈덕수궁 사색〉이라는 시를 쓰게 되었다. 다음은 축복을 누리며 쓴 〈덕수궁 사색〉이란 시이다.

햇살 좋은 시월 중순 어느 날
옛 숨결이 거닐었던 덕수궁을 돌아돌아
고즈넉이 옛 생각에 잠긴다.

물 건너온
상통머리 없는 족속 후예들에게
힘을 잃어 피 맺힌 설움 안고 살아야, 살아야만 했던
옛 숨결의 넋이 곳곳에 서려 있음에
가슴 서늘해지곤 하였으나
덕수궁 소박한 미에 깊이 빠져드니
이 또한 옛 숨결의 보살핌 아니겠는가.

옛 숨결이 차를 마시고 음악을 듣던
정관헌에 들러 사진을 찍고 나서니
한결 마음이 아늑해져 온다.

중화전, 죽조당, 함녕전, 덕홍관
살펴 돌아드니 한 나라 옛 숨결이 지냈기엔
턱없이 소박하나 조선의 담백함이
나를 안온하게 감싸온다.

소박한 미가 좋다.
소박함이 서울 한복판을 감싸 흐르니
이 또한 옛 숨결의 넋이런가.

시월 중순 어느 햇살 좋은 날
덕수궁 돌아돌아 옛 숨결에 잠기니
무릇 행복이란 멀리 있지 아니하고
소박한 절제미에 있나니
아, 깊어 가는 가을의 길목에 서서
감사하고, 감사하여라.

내가 규모가 큰 경복궁이나 창덕궁보다 덕수궁을 좋아하는 것은 작지만 '소박한 미'를 간직했기 때문이다. 마치 시골의 순정한 여인 같은 모습을 한 덕수궁은 갈 때마다 나를 설레게 한다.

날씨 화창한 날이나 그 누군가가 몹시 그리워지는 날엔 덕수궁으로 가라. 가서 그냥 있다가만 와도 참 좋다. 사랑하는 사람처럼 그냥 좋다.

Tip

## 덕수궁을 돌아보는 좋은 생각

• 덕수궁은 소박한 미를 가진 궁이다. 서울 한복판에 위치해 어느 곳에서 오든 찾기 쉽다. 잠깐 시간을 낸다면 덕수궁의 소박한 멋에 흠뻑 취할 수 있다.

• 덕수궁은 규모가 크지 않아 서너 시간이면 다 돌아볼 수 있다. 부부끼리 가도 좋고, 연인끼리 가도 좋고, 가족끼리 가도 좋다.

• 간단한 김밥이나 도시락을 싸 갖고 가면 더 좋다. 풀밭에 앉아 먹는 도시락은 주변 도심 풍경과는 사뭇 대조적이지만 그래서 더 낭만적이며 흥겹다.

## 나이를 의식하지 말고 하고 싶은 것 해보기

나이 들었다고 나이티를 낸다는 것은 어쩐지 내겐 어울리지 않는다. 몸은 늙어도 마음이 청춘이면 젊은 기분으로 더 활력 있게 살아갈 수 있다. 나이티를 낸다고 좋을 것은 별로 없다. 꼰대티를 내면 그 옆으로 사람들이 오지 않으려고 한다. 좀 더 밝은 표정으로, 젊게 생각하며, 옷도 젊게 잘 맞춰 입어야 한다. 물론 나이에 걸맞지 않은 말과 행동은 삼가야 하고, 옷도 너무 요란스러우면 눈살을 찌푸리게 한다. 남을 따라서 굳이 똑같이 하지 않아도 된다. 자신에게 잘 맞게 코디하면 된다.

나이는 마음자세를 어떻게 하느냐에 따라 크게 작용하지 않는다. 가령 일흔의 나이에도 생각을 젊게 가지면 몸과 마음도 생각대로 따라간다. 하지만 마흔의 나이에도 생각이 낡으면 몸도 마음도 생각대로 낡게, 즉 늙게 된다.

나이를 의식하지 않는다는 것은 자신의 멋대로 살라는 말이 아니다. 나이 든 티를 내지 말고 살라는 말이다. 나이티를 내지 않고 사는 사람들은 그렇지 않은 사람들보다도 몸과 마음이 젊다. 그래서 무엇이든 배우려고 하고, 해보려고 하고, 눈치를 보는 대신 자신이 원하는 대로 실행한다. 그러다 보니 매사에 긍정적이다. 그러나 나이티를 내는 사람들은 무엇을 하더라도 '내가 이것을 잘할 수 있을까?' 하고 주저하며 망설인다. 그렇게 되면 충분히 할 수 있는 것도 주저하게 되고 결국엔 시도조차 못하고 만다.

생각을 어디에 두느냐에 따라 같은 50대도 한 사람은 30대의 마음으로 살고, 또 다른 사람은 50대나 60대의 마음으로 산다. 나이는 숫자에 불과하다는 말이 있듯이, 괴테는 82세에 그의 역작인 《파우스트》를 탈고하였으며, 세르반테스는 그의 출세작인 《돈키호테》를 58세 때 완성하였다. 또한 프리드리히 헨델은 자신의 불멸의 곡 〈메시아〉를 56세 때 작곡하였다.

이렇듯 나이 들어 자신의 최고의 작품, 최고의 곡을 쓴 괴테, 세르반테스, 헨델 같은 이들이 부지기수다. 만약 이들이 나이 먹은 티를 내고 자신을 소홀히 했다면 세계의 역사는 달라졌을 것이다.

이를 보더라도 나이는 숫자에 불과하다는 것을 알 수 있다. 자신의 인생을 보다 활기차게 즐기며 살고 싶다면 나이를 잊어라. 육체의 나이보다 중요한 건 마음의 나이이며, 생각의 나이다.

## ‖육체의 나이는 잊고 마음의 나이를 생각하기‖

운동선수 중에는 나이는 들었어도 젊은 시절 못지않게 활약을 보이는 선수들이 있다. 야구선수로는 삼성의 이승엽이 대표적이다. 그는 골든글러브상을 9회나 수상해 역대 최고의 골든글러브상 수상자가 되었다. 축구선수로는 전남의 골키퍼 김병지가 그렇고, 농구선수로는 동부의 김주성이 그러하다. 이들은 나이를 의식하지 않고 주어진 일에 최선을 다한다. 그 결과 좋은 성과를 내며 후배 선수들에게 모범이 되고 있다.

69세의 나이에 동네서점을 운영하는 양성훈 씨. 그는 대형서점이나 온라인 서점의 도서할인에 따른 경영의 어려움 속에서도 끈질기게 서점을 지켜왔다. 매출이 거의 없는 상태에서도 문을 닫지 않고 버텨온 것이다. 다행히 2014년 11월 말을 기해 도서정가제 시행에 들어갔다. 그는 이에 희망을 가져본다고 말했다.

양성훈 씨가 어려운 가운데서도 서점을 운영해 올 수 있었던 것은 2009년부터 시작한 시니어 모델을 통해서 벌어들이는 수입에 의존해서다. 그는 각종 영화와 드라마, 홈쇼핑에 출연해 오고 있다. 그는 지금도 영화에 단역배우로 촬영 중이다. 그가 시니어 모델을 하게 된 것은 아들의 권유로, 시니어 모델 아카데미에서 연기와 패션, 무용을 배웠다. 그렇게 모델 수업을 받고 시작한 일이 가발 모델이었다. 그 후 서울메트로가 주최한 실버패션쇼에 모델로 나섰다. 그의 아내도 모델로 데뷔를 했다. 서울 청계천 수상패션쇼에 부부가 한복을 입고 나란히 선 것이다. 그는 이때 깜짝이벤트를 했다. 장미 한 송이를 사서 옷 속에 숨기고 있다가 무대 한가운데에 도착했을 때 무릎을 꿇고 아내에게 선물한 것이다. 이 일로 많은 관객들로부터 뜨거운 박수를 받았다. 그의 깜짝이벤트는 성공을 거둬 그 스스로도 무척이나 행복했다고 한다.

부부가 간혹 모델 일을 나갈 때는 서점 문을 닫는다. 그가 이처럼 모델 일을 하며 바쁘게 살고 있는 건 서점의 적자를 메우기 위해서다. 자신의 신념을 위해 젊은 마인드로 멋지게 살고 있는 그의 바람은 서점을 정상적으로 운영하는 것이다. 그의 얼굴은 나이를 가늠하기 힘들 정도로 밝다. 나이를 의식하지 않고 일하는 그는 젊은 청춘이라고 하기에 조금도 부족함이 없다.

공대를 졸업하고 정부산하 연구기관에서 일하며 석박사 학위를 취득하고 37년 동안 연구원 생활을 한 정동수 씨. 그는 연구원 생활을 하며 공과대학 겸임 교수로 강의를 하기도 했다.

그는 정년퇴직을 한 후 제2막 인생으로 봉사활동을 시작했다. 그는 자신이 그동안 국가와 사회로부터 받은 혜택에 보답하는 마음으로 재능을 기부하기로 하고 아내와 함께 아프리카로 기술봉사를 떠났다. 넬슨 만델라 아프리카 과학기술원NM-AIST에서 방문 교수로 8개월 동안 산업기술 관련 강의를 했다. 또한 기술자문 역할도 했다.

봉사를 마치고 온 그는 국립 창원대학교로 소속을 옮겨 3년간 강의와 연구 활동을 하기로 했다. 그리고 시간을 내어 봉사활동도 적극적으로 할 계획이다. 그는 62세의 나이지만 그 열정만큼은 2, 30대에 절대 뒤지지 않는다. 그런 열정이 있기에 그는 오늘도 자신의 일에 매진하며 행복한 삶을 이어나가고 있다.

자신이 하고 싶은 것을 위해 열정을 바친다는 것은 참 멋진 일이다. 그것은 스스로를 젊게 하는 일이며, 자신의 인생을 풍족하게 하는 축복된 일이다. 젊게 살고 싶다면 나이를 의식하지 말아야 한다. 육체의 나이는 잊어라. 보다 중요한 것은 마음의 나이이다.

## ‖자신의 열정을 투자하면 투자하는 만큼 젊어진다‖

같은 나이에도 어떤 이는 나이보다 젊게 보이고, 어떤 이는 나이보다 늙어 보인다. 이는 생리적으로 타고나서이기도 하지만 나이를 생각하지 않고 자신이 하고 싶은 일에 열정을 바친 결과이다. 자신이 하고 싶은 일을 한다는 것은 스스로를 기분 좋게 하고 행복하게 한다. 그래서 자신이 하고 싶은 일을 즐겁게 하는 사람들이 그렇지 않은 사람들보다 활력이 넘치고 젊어 보이는 것이다.

"많은 사람들은 나이 드는 것을 두려워한다. 젊은 세대와 단절되고 생동감 넘쳤던 과거로부터 점차 멀어져 간다는 생각에 젊은 시절의 자신을 그리워하기도 한다. 그러나 과거에 대한 집착에서 벗어나 오로지 '지금 이 순간'에 집중하면 나이 듦에 대한 두려움은 사라지고 인생의 척도가 달라진다. 어느 정도 나이가 들고 나면 가족들이 당신의 행동을 이해하지 못하더라도 일일이 해명할 필요가 없다. 그 나이에는 일시적으로 깜빡하고 실수하는 경우가 있다고 생각하기 때문이다.

과거가 아닌 현재의 순간만을 살면 쓸데없는 고민으로부터 벗어나 주변 세상을 있는 그대로 응시하게 되고, 그 순간부터 당신 눈앞의 세상은 훨씬 더 흥미롭고 아름답게 변할 것이다. 또한 젊은이들에게는 지혜롭고 현명한 스승이 되고, 아이들에게는 부모들이 채워줄 수 없는 부분을 채워주는 정신적 스승의 역할도 할 수 있다. 중요한 것은 나이를 먹었다는 사실이 아니라 지금 이 순간 무엇을 하며 사느냐이다."

이는 심리학자 바바라 골든의 말로 나이 드는 것은 오히려 인생에서 할 수 있는 일이 많아지는 때라는 것이다. 풍부한 인생의 경험을 젊은이들에게 지혜로 전해주고, 아이들에게는 젊은 부모들이 채워줄 수 없는 것을 채워줄 수 있기 때문에 스승의 역할을 할 수 있다는 것이다.

옳은 말이다. 나이는 그저 드는 것이 아니다. 나이가 들수록 오랜 삶을 통해 풍부한 지혜를 축적하여 그만큼 삶의 경륜이 쌓인다. 그것은 돈으로는 절대로 얻을 수 없고, 오랜 세월이 흐른 뒤에야 깨닫게 되는 삶의 이치다.

나이 드는 것을 두려워하지 말고, 자신이 가진 모든 것을 아낌없이 베풀 수 있는 기회를 찾아 쏟아부어라. 그런 만큼 더 멋지게, 더 젊게, 더 보람 있게, 더 행복하게 살게 될 것이다.

Tip

## 나이를 의식하지 않는 좋은 생각

- 육체적 나이는 중요하지 않다. 마음의 나이가 젊으면 젊게 살아가게 된다. 나이는 그냥 숫자라고 생각하라.
- 해보고 싶은 일이 있으면 주저하지 말고 시도해 보라. 시도하면 무엇이든 다 할 수 있다.
- 자신의 재능을 활용할 수 있는 기회를 찾아보라. 각자의 재능을 필요로 하는 곳에 기부한다면 인생을 보람 있고 멋지게 살게 될 것이다.

# 부부가 함께 배낭여행 해보기

부부가 함께하는 모습은 그것이 쇼핑이든, 운동이든, 나들이든, 여행이든 아름답다. 혼자가 아닌 둘은 보기에도 안정되고, 따뜻해 보이기 때문이다. 내 입장에서 본다면 부부가 함께 오래 같이 사는 것이야말로 최고의 축복이라고 생각한다. 내가 이렇게 생각하게 된 것은 언젠가 백세가 된 할아버지와 아흔여섯의 할머니 부부를 본 적이 있다. 거의 80년을 함께해 온 노부부를 보며 그분들처럼 사는 것이야말로 인생 최고의 축복이라는 생각이 들고부터다.

요즘처럼 황혼이혼이 점점 늘어나는 때이고 보면, 그들 노부부가 보여준 삶의 모습은 그 어떤 것보다도 아름답고 풍요로워 보였다.

요즘 부부들 중엔 테니스를 함께하는 부부, 당구를 함께하는 부부, 조깅을 함께하는 부부, 골프를 함께하는 부부, 수영을 함께하는 부부, 자전거를 함께 타는 부부, 탁구를 함께하는 부부, 검도를 함께하는 부부, 권투를 함께하는 부부, 빙벽 타기를 함께하는 부부, 등산을 함께하는 부부, 오지여행을 함께하는 부부 등 부부가 일심동체가 되어 함께하는 모습을 보면 그렇게 아름다울 수가 없다.

그런데 부부가 함께 배낭여행을 해본다면 참 재미있을 것이다. 목적지를 정해도 좋고, 아니면 그냥 발길 닿는 대로 가면 더 좋을 것이다. 상황에 따라 기차를 타고, 버스를 타고, 혹은 도보로, 그때그때마다 바꿔 가면서 하는 여행은 생각만으로도 가슴 떨릴 만큼 좋다.

여행은 일상에서 쌓인 스트레스를 풀게 하고, 새로운 에너지를 충전하는 데 참 좋다. 새로운 곳에서 보는 낯선 풍경, 그곳 사람들의 사는 모습, 새로운 분위기가 주는 설레임 등은 경직된 심신을 풀어주고 마음을 따뜻하게 해준다. 이것이 여행이 주는 최대의 선물이자 여행의 가치이다. 망설이지 말고 부부가 함께 배낭을 꾸려 떠나보라. 떠나는 순간 부푸는 가슴으로 설레게 될 것이다.

## ‖여행은 심신을 푸는 최고의 피로회복제이다‖

삶이 떠나라고 신호를 보내면 언제든지 떠나라. 물론 떠날 수 있는 여건이 되어야겠지만 여건이 안 되면 만들어서라도 떠나는 것이 좋다. 생활에 지쳐 심신이 피로할 때, 무언가 새로운 결심을 다질 때, 삶에 변화를 주고 싶을 때엔 주저 없이 배낭을 꾸려라. 부부가 같이 가도 좋고, 여건이 안 되면 혼자라도 떠나라. 떠나보면 안다. 여행이 주는 자유와 평온이 얼마나 심신을 맑고 즐겁게 하는지를.

형석 부부는 결혼 28주년을 기념해 배낭여행을 떠나기로 했다. 기차로 강릉에 가서 1박을 하고, 강릉서 동해, 삼척을 거쳐 부산으로 가서 부산을 둘러본 후 1박을 하고, 여수에서 1박을 하고, 서울로 돌아오기로 했다.

오랜만에 부부가 나란히 기차를 타고 강릉을 향해 떠났다. 청량리역 플랫폼을 기차가 막 벗어나는 순간 형석의 아내는 어린아이같이 좋아했다. 그 모습을 보고 형석이 말했다.

"당신, 그렇게도 좋아?"

"응. 마치 어린 시절 엄마하고 같이 기차를 타고 외갓집 갈 때가 생각났어."

형석의 아내는 이렇게 말하며 환하게 웃었다. 그 모습을 바라보는 형석의 입가에도 웃음꽃이 활짝 피어났다. 청량리를 떠난 기차가 양수리를 지나자 형석 부부는 남한강과 북한강이 만나 아름답게 펼쳐진 경치에 탄성이 절로 났다. 마치 외국영화의 한 장면을 보는 것 같았다.

기차는 곧이어 양평에 도착한 후 곧바로 달리기 시작했다. 중앙선이 서원주까지 복선이 된 이후 기차의 속도는 예전에 비해 상당히

빨라져 형석 부부는 격세지감을 느꼈다. 기차는 용문을 지나 20여 분 만에 원주역에 도착하였다. 그리고는 다시 출발하여 힘차게 달려갔다. 기차는 제천, 영월, 태백을 지나 새로 난 터널을 빠져나가 잠시 후 도계를 지나 동해에 도착했다. 그리고 다시 출발하여 동해바다를 끼고 달리기 시작했다. 드넓게 펼쳐진 눈이 시리도록 파란 동해바다의 풍광에서 눈을 뗄 줄 몰랐다. 드라마 〈모래시계〉 방영 이후 유명해진 정동진을 지날 땐 가슴이 벅차오르기까지 했다. 벅찬 감동도 잠깐, 기차는 힘찬 소리를 내며 강릉역에 도착하였다.

형석 부부는 택시를 타고 초당동에 있는 허균의 고택으로 갔다. 그곳을 둘러본 후 부부는 참소리 박물관으로 갔다. 세계 곳곳에서 수집한 진기한 악기와 그와 관련된 유물을 보며 작은 도시에 이처럼 귀한 박물관이 있다는 데에 대해 놀라워했다. 그들 부부는 이번엔 오죽헌으로 갔다. 그곳을 둘러본 후 경포바다로 향했다. 그들은 차를 타는 대신 걷기로 했다. 경포호를 끼고 조성된 길을 따라 걷노라니 저절로 노래가 흘러나왔다.

"여보, 이곳에 오길 잘했어."

형석의 아내가 말했다.

"그렇게도 좋아?"

"응. 보는 것만으로도 이렇게 마음이 탁 트이니 얼마나 좋아."

형석의 말에 그의 아내는 활짝 웃으며 말했다. 그러는 동안 경포해변에 도착했다. 파란 바다가 훤히 내려다보이는 횟집에서 회를 시켜 먹었다. 그리고는 밖으로 나와 소나무 숲에 조성된 우드 로드를 따라 걸었다. 시원한 바닷바람이 폐부 깊숙이 닿자 하늘을 날 듯 상쾌했다.

형석 부부는 이번엔 택시를 타고 커피로 유명한 카페촌으로 향했다. 잠시 후 택시에서 내린 형석 부부는 커피숍으로 들어갔다. 코끝을 스치는 커피향이 온몸을 감싸며 돌자 부부는 연신 흠흠대며 커피향을 들이마셨다. 창밖은 어둠이 내려 컴컴했지만 카페촌은 막 잠에서 깨어난 듯 휘황찬란했다. 형석 부부는 커피를 마시면서 이곳에 오길 정말 잘했다며 좋아했다.

그날은 강릉서 숙박을 하고 아침 일찍 남쪽을 향해 버스를 타고 갔다. 동해, 삼척을 지나 울진, 포항을 거쳐 부산에 도착하였다. 부산에 도착한 형석 부부는 택시를 타고 광안대교를 돌아보고는 남포동 자갈치시장으로 향했다. 우리나라 최고의 수산시장에 걸맞게 해산물이 풍부했다. 자갈치시장을 둘러보고는 어둑어둑해질 때 용두산공원으로 향했다. 용두산공원 부산타워 전망대에서 내려다보는 부산 시내의 야경은 남산 N서울타워 못지않게 아름다웠다. 특히 해안을 끼고 불꽃처럼 피어난 야경이 바다와 어우러져 백미였다.

용두산공원을 내려온 형석 부부는 해운대로 향했다. 가을밤 해운대는 여름밤과 달리 색다른 운치가 있었다. 그들 부부는 포도주를 곁들여 저녁을 먹었다.

부산서 1박을 한 후 여수로 향했다. 남해안 일주는 생각보다 운치가 있었다. 여수에 도착한 형석 부부는 이순신 장군이 전라좌수사로 있었던 전라좌수영의 객사인 진남관으로 갔다. 진남관은 정면 길이 54. 5미터, 높이 14미터, 넓이 748제곱미터로 현존하는 단층 최대의 건물로 국보 304호로 지정되었다. 진남관 망해루에서 바라다보는 여수시 풍경과 남해바다의 풍광은 참 아름다웠다. 임진왜란 당시 유물을 전시해놓은 유물전시관을 보고 밖으로 나온 형석 부부는 돌산대교를 건너 돌산공원으로 갔다. 그곳에서 바라보는 남해의 절경은 그야말로 여행의 진미를 느끼기에 부족함이 없었다. 그리고 2012년 여수세계박람회가 열렸던 장소로 이동하여 아쿠아리움, 빅오, 스카이타워 등 일대를 둘러보았다. 그리고 여수에서 1박을 한 후 서울로 돌아왔다.

"여보, 당신이 이렇게 좋아하는데 제대로 여행시켜 주지 못해 정말 미안해. 이번 여행을 계기로 가끔 1박 2일이라도 갔다 오도록 하자."

"고마워, 여보. 나도 이번 여행을 통해 당신에게 좀 더 신경을 써야겠다고 생각했어. 당신 잘 때 보니 겉에는 잘 모르겠는데 제법 흰머리가 났더라구. 참 안쓰러웠어."

형석의 말에 아내가 이렇게 말하자 그는 아내의 손을 꼭 잡으며 눈을 찡긋거렸다. 그 모습을 보고 그의 아내가 빙그레 웃었다.

형석 부부는 이번 여행을 통해 그동안 하지 못했던 말과 서로에게 서운했던 감정을 모두 풀 수 있어 뜻깊은 여행이었다며 서로에게 고마워했다.

여행은 심신을 푸는 최고의 피로회복제이다. 시간을 내어 부부가 함께 배낭을 메고 길을 떠나라. 가급적이면 좀 더 젊고 세련되게 꾸며 자유를 만끽하며 시간을 보내다 오라. 그리고 쌓였던 서운했던 감정, 하고 싶었지만 하지 못했던 말을 통해 허심탄회하게 돌아온다면 서로에 대해 보다 더 깊이 이해함으로써 행복한 시간을 보낼 수 있을 것이다.

## ‖여행은 인생의 축소판 여행을 통해 자신을 깨닫기‖

낯선 곳으로의 여행은 늘 생동감을 주고, 생경한 느낌을 통해 새로운 자신의 모습을 발견하는 기회이기도 하다. 그래서 여행은 인생의 길을 걸어가는 축소판과도 같다. 여행을 통해 자아를 발견하고, 성찰함으로써 자신의 삶을 보다 더 활력 있게 이끌어갈 수 있다. 또한 새로운 관점에 대해 생각하게 됨으로써 자신의 삶을 새롭게 변화시키는 계기를 마련할 수 있다. 이에 대해 프랑스 소설가 마르셀 프루스트Marcel Proust는 다음과 같이 말했다.

"진정 무엇인가를 발견하는 여행은 새로운 풍경을 바라보는 것이 아니라 새로운 눈을 가지는 데 있다."

마르셀 프루스트의 말처럼 여행을 통해 새로운 것을 발견한다면 그것이야말로 생산적인 여행이라고 할 수 있다.

또한 4세기 기독교 신학자이자 주교였던 아우구스티누스Augus-tinus는 여행에 대해 이렇게 말했다.

“이 세상은 책이다. 여행을 하지 않는 사람은 한 페이지만을 계속 보는 사람과 같다.”

참 좋은 말이다. 여행을 통해 삶의 진실을 발견하고, 그에 맞게 살아야 한다는 의미를 지니는 말이라고 할 수 있다.

그리고 미리엄 비어드Miriam Beard는 이렇게 말했다.

“확실히 여행은 단순한 관광 이상이다. 여행은 삶에 관한 상념들에 계속해서 일어나는 깊고, 영구적인 변화이다.”

미리엄 비어드의 말 또한 마르셀 프루스트의 여행의 의미와 일맥상통한다.

하나만 더 말한다면 동화의 아버지 안데르센은 다음과 같이 말했다.

“여행은 나에게 있어 전신을 다시금 젊어지게 해주는 샘이다.”

그렇다. 여행은 진취적인 기상을 기르는 데 매우 효과적이라고 할 수 있다.

나이가 들수록 여행은 더욱 필요하다. 삶을 관조함으로써 노년의 삶을 더욱 아름답고 풍요롭게 가꾸어 주기 때문이다.

행복한 삶, 남보다 나은 삶, 자신이 원하는 삶은 거저 오지 않는다. 물론 개개인의 운도 작용하는 건 사실이지만 그만한 노력을 통해서만이 올 수 있는 삶의 선물이다. 여행은 이런 모든 삶을 살아가게 하는 데 있어 최적의 삶의 요소라고 할 수 있다.

Tip

## 즐거운 여행을 위한 좋은 생각

- 여행은 단순히 보고, 듣고, 느끼고, 즐기는 것이 아니다. 여행은 삶을 변화시키는 최적의 요소이다.
- 여행은 품성을 부드럽고 따뜻하게 해준다. 또한 강한 정신과 인내력을 기르게 해준다.
- 여행은 자아를 실현하게 하고, 그것을 통해 삶을 보다 아름답게 가꾸어준다. 말하자면 여행은 인격형성에 큰 도움을 준다. 여행하라. 더 많이 여행하라.

# 좋은 추억거리를 많이 만들기

인간은 추억을 먹고 사는 동물이다. 아무리 고통스러운 추억도 지나고 나면 한낱 한 줄기 바람에 지나지 않는다. 그만큼 추억은 사람들의 가슴에 살면서 그때그때마다 상황에 맞게 그리움을 자아내고 행복과 웃음을 자아내기도 한다.

추억이 많은 사람들은 그렇지 않은 사람들에 비해 좀 더 삶의 여유를 즐기며 산다. 추억이 사람의 감성을 자극하여 마음을 더 부드럽고 따뜻하게 해주기 때문이다. 첫사랑의 추억, 첫 여행의 추억, 첫 데이트의 추억 등 사람마다 제각각 갖가지 추억이 있을 것이다. 하지만 나이가 들수록 좀 더 많은 추억을 만들어보는 것도 삶의 활력을 불어넣고, 젊게 살아가는 데 충분한 도움이 된다.

같은 나이나 비슷한 나이의 사람도 추억이 많은 사람들이 더 활기가 넘치고 생각도 젊다. 추억은 단순히 지나간 기억을 되살리는 것이 아니라 그 기억을 통해 삶의 생기를 불어넣는 마인드 에너지와 같다.

특히 기차여행에 얽힌 추억이 무엇보다 사람들의 감성을 자극한다. 기차여행은 안락한 분위기를 주며, 사랑하는 사람과 함께하면 더 아늑한 느낌을 준다. 기차는 장거리 여행에 무엇보다 좋다. 기적 소리를 내며 달리는 기차는 어렸을 때의 기억을 떠올리게 해 그 어린 시절의 아련한 기억의 숲길로 빠져들게 한다.

나 또한 어린 시절 기차에 대한 한 편의 영화처럼 아름다운 기억을 갖고 있다. 초등학교 1학년 시절 우리 집 근처에 기찻길이 있어 기차가 덜컹거리며 지나가는 소리를 들으며 잠이 들고, 기차 소리에 잠이 깨기도 했다. 잠결에 듣는 기차 소리는 꿈결처럼 아득하게 들리곤 했는데 그 느낌이 참 좋았던 것으로 기억한다. 그래서일까, 지금도 나는 버스보다도 기차가 더 편하고 좋다. 지금은 다양한 기차여행 상품이 있어 자신이 원하는 대로 선택하여 기차여행을 즐길 수 있다.

## ‖추억의 참된 진수 기차여행 하기‖

기차 여행은 버스나 승용차보다 안전하고 안락함을 준다. 기차가 움직이기 시작하면 마치 소풍을 가는 것처럼 즐겁다. 기차 여행을 좋아하는 사람들은 이런 기분을 느꼈을 것이다. 말로는 형언하기 어려운 평온함이 함께하기 때문인데 기차는 그런 점에서 단연 최고라고 할 수 있다. 경제수준이 높아지면서 동반성장을 하는 것 중엔 레저산업을 빼놓을 수 없다. 그래서일까, 코레일은 각 지역의 특성에 맞는 기차상품을 내놓아 관광객을 유치하고 있다. 태백선과 영동선을 활용한 오트레인O-Train 기차여행, 동해 해안선 철로를 달리는 바다열차, 태백산 눈꽃열차, 정동진 해돋이 열차, 백두대간 협곡열차, 서울서 춘천을 운행하는 청춘열차 등 갖가지 여행상품이 있다. 자신이 원하는 기차여행 상품을 언제든지 선택해서 즐길 수 있어 참 편리하고 좋다.

혜영 부부는 모처럼 마음먹고 기차여행을 하기로 했다. 평소에 어렴풋이 알고 있던 오트레인 기차여행을 하기 위해 코레일에 문의하여 안내를 받은 대로 예약을 하였다. 지금은 오트레인 기차여행 코스가 바뀌었으나 혜영이 여행을 할 때는 두 가지 코스가 있었다. 오트레인은 태백선과 영동선을 활용한 기차상품이다. 혜영은 제천, 단양, 풍기, 영주, 승부, 철암, 태백, 고한, 영월, 제천으로 돌아와 서울역에 도착하는 코스의 상품여행을 선택하였다. 서울 청량리를 떠난 기차는 양평, 원주를 지나 1시간 30분 만에 제천에 도착하였다. 50분 정도 시간을 보내고 3시에 제천에서 출발하는 기차에 올랐다. 사람들이 제법 많았다. 기차는 서서히 플랫폼을 벗어나 속도를 높이기 시작했다.

"당신하고 단둘이 기차여행을 한 게 언제지?"

혜영의 남편이 물었다.

"당신하고 연애할 때 강릉 경포대에 갈 때하고, 경춘선을 타고 춘천을 갈 때하고, 부산에 갈 때니까 거의 10년 만인 것 같네."

혜영이 기억을 더듬어 말했다.

"그렇게나 오래됐나? 하긴 승용차로만 다녔으니. 이렇게 당신하고 단둘이 오붓하게 기차를 여행을 하니 감회가 새롭네."

혜영의 남편은 이렇게 말하며 캔 맥주를 따서 혜영에게 건네고 자신도 맥주를 따서 마셨다. 차창 밖으로 펼쳐진 풍광은 자연이 그려놓은 한 폭의 그림이었다. 보는 것만으로도 가슴을 시원하게 했다. 기차는 단양을 지나 죽령역을 지나고 있었다. 그 아래로는 중앙고속도로가 길게 뻗어 있었고, 차들이 줄지어 달리는 모습이 매우 이채로워 보였다.

기차는 잠시 후 풍기역에 도착하였다. 그리고는 이내 영주를 향해 달려갔다. 영주에 도착한 기차는 도심을 벗어나 본격적으로 산과 계곡을 끼고 달리기 시작했다. 사방으로 보이는 푸른 녹색의 산과 논과 밭이 푸른 물을 뚝뚝 흘리듯 짙푸르러 가슴이 확 트이는 기분이었다. 혜영과 남편은 바깥 풍경에 눈을 떼지 못했다. 특히 협곡을 지날 땐 더욱 바깥 풍경에 몰입했다. 그리고 백두대간 협곡열차가 출발하는 분천역에 닿자 많은 사람들이 기차에 올랐다. 협곡열차를 즐긴 사람들이 다음 여행지를 위해 갈아탄 것이다. 기차는 다시 출발하였다. 지금까지보다 더 협곡을 끼고 달려 더욱 운치가 있었다. 기차는 승부역을 지나 철암에 이르더니 잠시 후 태백 추전역에 도착하였다. 추전역은 우리나라 기차역 가운데 가장 높은 곳에 자리한 역이라고 했다. 혜영 부부는 포토타임을 이용해 기념사진을 찍었다. 역 아래로 마을이 까맣게 내려다보일 정도로 역이 높았다. 사진 찍기가 끝나자 기차는 또다시 기적을 울리며 달리기 시작했다. 고한을 지나고 영월을 지나, 제천에 도착하였다. 제천역에서 10분 동안 휴식을 취한 기차는 어둠을 뚫고 서울로 향했다. 그리고 1시간 50분 만에 서울역에 도착하였다.

하루 동안 장장 10시간 넘게 기차를 탔다. 그렇지만 하나도 지루하지 않았다. 그만큼 오트레인 기차여행은 혜영 부부에게는 그날 최고의 선물이었다.

## ‖추억은 지난 것들에 대한 삶의 여정 노트다‖

추억이 아름다운 것은 추억을 통해 지난 것들에 대한 향수를 불러일으킨다는 데 있다. 그래서 추억은 아름다운 것이다. 그리고 추억은 지난 것들에 대한 삶의 여정이 고스란히 담긴 노트와 같다. 추억을 통해 지난날 좋았던 것, 잘했던 것, 잘못했던 것, 감동적이었던 일 등을 떠올림으로써 잘한 것은 더 잘할 수 있도록 하고, 못한 것은 잘할 수 있도록 하면 된다.

내가 아는 어떤 부부는 결혼 30주년을 맞아 추억이 담긴 곳 세 군

데를 정해 시간이 날 때마다 여행을 했다고 한다. 첫 번째는 가난하던 신혼 때 살던 도시를 방문해서 그때의 추억 속으로 들어갔고, 두 번째는 첫아이를 낳아 초등학교에 입학할 때까지 살던 도시로 가 그때의 추억 속으로 들어갔고, 세 번째는 둘이 처음 만나 인연을 맺은 대학을 찾아가 추억 속으로 들어갔다. 세 번의 추억 여행을 마치고 나니 지금보다 더 서로를 아껴주며 행복하게 살아야겠다는 결심을 했다고 한다. 왜냐하면 그때 일이 너무도 소중하고 감사했기 때문이라고 했다.

그렇다. 충분히 그런 생각이 들고도 남는다. 이런 관점에서 본다면 추억은 단순히 지나간 것에 대한 그리움의 발자국을 더듬어 돌아보는 것이 아닌, 추억을 통해 더 생산적이고 창의적인 삶을 살게 되기 때문이다.

나이가 들수록 추억거리를 많이 만들어야 한다. 그래야 가족들에게 오래오래 좋은 기억을 남겨 줄 수 있다. 가급적이면 아름답고, 행복하고, 즐거운 추억을 많이 남겼으면 한다.

Tip

## 좋은 추억에 대한 좋은 생각

- 추억은 많으면 많을수록 좋다. 이왕이면 아름답고, 행복하고, 즐거운 추억이면 더 좋다. 이런 추억들은 생산적인 에너지를 주기 때문이다.
- 나이가 들수록 좋은 추억거리를 많이 남겨라. 이런 추억거리가 많을수록 가족들에게도 자신에게도 긍정적으로 작용한다.
- 어떤 추억이든 아름답게 느껴지는 것은 지나간 것에 대한 그리움이 짙게 배어 있기 때문이다. 따라서 좋은 추억을 많이 만들수록 더 행복하게 살아가게 된다.

# 젊고 세련된 감각의 패셔니스트가 되라

나이가 들어도 젊은 패션 감각을 유지하는 것이 자신에게도 남들에게도 보기에 좋다. 감각이 세련되면 훨씬 젊어 보이고, 활동적이며 매사에 쿨하게 느껴져 호감을 준다. 그러나 세련되지 못하고 나이티를 내는 감각을 지니면 어딘지 모르게 고리타분해 보이고, 꽉 막힌 듯 답답해 보인다. 또한 고집이 세 보이고, 남의 말에 귀를 기울이지 않을 것 같은 느낌을 준다.

옷이 날개라는 말이 있듯 옷을 어떻게 입느냐, 무슨 색깔의 옷을 입느냐, 어떤 스타일의 옷을 입느냐에 따라 같은 사람도 각기 다른 분위기를 낸다. 그래서 '이 사람이 그 사람이 맞아?' 할 만큼 다른 모습을 보이기도 한다. 그래서 옷은 감각적이고 세련되게 입어야 한다.

"나는 나 자신을 위한 작업을 한다. 패션계의 주문을 받아도 지금

스타일과는 다른, 좀 더 틀에 박히지 않고 풍부하게 표현하려는 나만의 작업을 한다."

패션모델 출신의 사진작가인 사라 문Sarah Moon이 한 말로 그녀는 같은 패션 사진을 찍어도 같은 스타일이 아닌, 자신만의 개성이 잘 나타나는 스타일의 패션 사진을 찍는 것으로 정평이 나 있다.

이와 마찬가지로 나이가 들었다고 꼰대티를 낼 필요는 없다. 물론 그렇다고 해서 나이와 너무 동떨어진 스타일의 옷을 입으라는 것은 아니다. 너무 동떨어진 스타일은 오히려 품격을 떨어뜨리고 추잡하게 느껴지게 한다. 다시 말해 옷을 입되 감각적으로 컬러며, 스타일이며, 디자인 등을 세련되게 입으라는 것이다.

품격은 누가 높여주는 것이 아닌, 스스로 높이는 것이다. 세련된 감각의 스타일이 품격을 높이는 데 한몫을 하는 것은 그로 인해 사람 자체가 완전히 달라지기 때문이다. 세련된 감각으로 젊게 멋지게 살 것인가, 아니면 우중충한 모습으로 추레하게 살 것인가는 오직 자신에게 달려 있다.

## ‖세련된 감각의 스타일은 그 사람의 품격을 높여준다‖

한 사람의 품격은 그 사람이 지닌 지성과 고결한 인품, 덕망 등에도 있지만 세련된 감각의 스타일도 한몫을 한다. 그런데 옷은 추하지 않게 대충 입어도 그만이라고 생각하는 사람들이 많다. 그러나 이는 대단히 잘못된 생각이다. 세련미 넘치는 감각적인 스타일이 얼마나 중요한지 잘 모르는 까닭이다. 어떤 옷을 입고, 어떤 헤어스타일을 했으며, 벨트는 어떤 것을 했으며, 구두는 어떤 모양의 것을 했느냐에 따라 그 사람의 전체적인 스타일이 드러난다. 이는 여성이나 남성이나 마찬가지다. 따라서 세련된 감각의 스타일을 자신에게 맞게 유지하는 것이야말로 스스로의 품격을 높이는 중요한 것 중 하나이다.

장민영은 57세의 나이에도 마치 40대 후반처럼 보인다. 같은 또래들과 있으면 7, 8세 아래의 후배쯤으로 안다. 그가 이처럼 보이는 것은 순전히 세련된 감각의 스타일을 위해 노력하는 그의 수고 덕분이다. 그는 옷 하나를 사도 그냥 사지 않는다. 가령 윗옷을 살 때에도 윗옷과 잘 매치되는 옷은 무엇인지를 꼼꼼히 따져서 산다. 그가 중요하게 생각하는 것은 스타일, 컬러, 그리고 디자인을 꼽는다. 그래서 윗옷 하나로 여러 스타일을 연출한다. 그러다 보니 남들이 보기에는 옷이 엄청 많은 줄로 안다.

"민 선생님은 옷이 참 많은가 봅니다."

"아니, 그렇지 않습니다."

"거의 이틀 꼴로 옷이 바뀌는 것 같습니다."

"하하, 그런가요? 옷은 그렇게 많지 않습니다. 같은 옷으로 바꿔

가며 입는 것뿐이에요. 그러다 보니 옷이 많은 것처럼 보이는가 봅니다."

민영은 어딜 가든 멋쟁이란 소리를 듣는다. 그의 옷 입는 감각은 타고난 데도 있지만 같은 옷을 가지고도 다양하게 코디를 하는 세련된 감각 덕분이다. 그가 세련된 패셔니스트가 될 수 있었던 것은 신문과 잡지 및 다양한 매체를 통해 정보를 수집하는 등 자신의 방식으로 패션 감각을 키웠기 때문이다. 그는 진정한 스타일리스트이다.

또 한 사람의 경우를 보자.

최호찬은 58세로 아내와 사별을 하고 혼자 산다. 그는 건장한 체격에 몸무게도 거의 100킬로그램에 육박한다. 그는 아내가 살아 있을 때는 제법 세련미를 풍기기도 했지만, 아내가 죽고 나서는 아무렇게나 옷을 입었다. 그는 넉넉한 형편이라 좋은 차를 굴리고 제법 비싼 옷을 입는다. 그런데 이상하게도 추레한 모습을 감출 수 없다. 사실 그는 옷에 대한 미적 감각이 없다. 그가 세련미를 보였던 것은 오직 그의 아내 덕분이었다. 그는 나이에 비해 나이 든 티가 나는 옷을 입는다. 그냥 대충 아무거나 걸치면 된다는 식이다.

그런데 언젠가부터 그의 옷차림새가 달라지기 시작했다. 그에게 여자가 생긴 것이다. 그의 누나가 혼자 사는 그가 딱해 보여 아는 사람에게 부탁해 여자를 소개 받았는데 여자가 마음에 쏙 들었던 것이다. 그의 누나는 싫다는 그를 억지로 끌고 가 여자를 만나게 했고, 그만 첫눈에 여자에게 빠지고 만 것이다. 그 후 그는 딸의 도움을 받아 옷 색깔이며, 다자인 등을 살피는 안목을 갖게 되었다. 그에게도 인생의 봄이 온 것이다.

그는 여자와 6개월 후 결혼을 하고 새로운 인생을 멋지게 출발했다. 여자 없이 혼자 살 땐 혼자 사는 티를 내며 추레하던 그가 재혼을 한 뒤론 완전히 다른 사람이 되었다.

옷을 어떻게 입느냐에 따라 같은 사람도 180도로 달라진다. 옷은 단순히 몸을 가리고 비바람을 막아주는 구실만 하는 것은 아니다. 옷은 그 사람의 품격을 가늠하게 하는 바로미터barometer이기도 하다.

## ‖패션 감각을 키우면 10년은 젊어진다‖

패셔니스트를 보면 남자든 여자든 하나같이 멋지게 살기 위해 노력한다. 그 어떤 것도 노력 없이 좋은 결과를 내지 못하는 것처럼 패션 감각도 노력으로 얼마든지 끌어올릴 수 있다.

내가 잘 아는 P는 56세의 여성임에도 마치 40대 중반으로 보일 정도로 젊고 활기차다. 그녀는 매일 운동을 하여 피부는 탄력이 넘치고, 늘 자신을 새롭게 가꾸기 위해 옷이며, 신발이며, 액세서리를 매번 다르게 코디를 한다. 그러다 보니 언제나 다른 모습을 한다. 사람들이 그녀의 실제 나이를 듣고는 하나같이 놀라는 데는 이러한 그녀의 노력이 있었기 때문이다.

패션은 감각적으로 타고나야 하지만 후천적인 노력으로 얼마든지 탁월한 패셔니스트가 될 수 있다. 지금은 고인이 되었지만 늘 하얀 옷을 상징처럼 입었던 디자이너 앙드레 김. 그는 고등학교 학력으로 그 흔한 외국 유학 없이도 독학으로 공부해 자신만의 세계를 창조해낸 세계 패션계에서도 주목받았던 탁월한 디자이너였다. 그의 미적 감각은 타의 추종을 불허할 정도로 뛰어났는데, 그 모두가 재능에도 있었지만, 최고가 되려는 그의 피땀 어린 노력이 있었기에 가능했다.

누구나 패셔니스트가 될 수 있다. 그러나 누구나 또한 패셔니스트가 될 수 없다. 다만 나이를 뛰어넘어 자신을 좀 더 젊고 활력 넘치게 살기 위해 노력하는 사람만이 진정한 패셔니스트가 될 수 있다.

Tip

## 패셔니스트가 되는 좋은 생각

- 패션 감각은 타고나야 한다고 말한다. 하지만 패션 감각 또한 노력으로 얼마든지 끌어올릴 수 있다. 많이 보고, 많이 듣고, 많이 실행해 보라.
- 나이 드는 것은 막을 수 없으나, 나이보다 젊고 세련되게 가꿀 수는 있다. 다만 자신을 가꾸기 위해 어떻게 하느냐에 따라 할 수도 있고 못할 수도 있다.
- 신문, 잡지, TV 등의 매체를 활용하여 새로운 패션정보를 입수하는 것도 좋은 방법이다. 그래서 자신에게 잘 맞는 방법을 연구한다면 패션 감각을 키울 수 있다.

# 멋진 후반부 인생을 위해 멋진 연애 해보기

인생을 살다 보면 뜻대로 안 되는 게 있는데 자신이 살고 싶을 만큼 사는 것과 큰 부자가 되는 것, 배우자와 평생을 행복하게 사는 것이다. 특히 그중에서 배우자와 아무 일 없이 평생을 행복하게 산다면 얼마나 좋을까. 그런데 없으면 금방이라도 죽을 것같이 살갑게 굴다가도 남남으로 갈라서는 경우가 비일비재하다. 또 남자든 여자든 한쪽에서 먼저 세상을 뜨는, 인간의 힘으로는 어쩌지 못하는 경우도 있다. 이럴 경우 혼자서 사느냐, 아니면 새로운 사람을 만나 새로운 인생을 꾸미느냐, 하는 문제에 봉착하게 된다. 이런 문제에 부딪치면 사람들은 크게 두 가지 중에 하나를 선택한다. 대개는 새로운 사람을 만나 새롭게 삶을 이루고 싶어한다. 그런데 문제는 생각만으로 끝낸다는 것이다. 그리고 나아가 생각으로만 끝내지 않고, 적극 실행에 옮기는 사람들도 있다.

인생은 길다고 보면 길고 짧다고 생각하면 짧다. 현재의 삶이 행복하면 짧게 느껴지고, 불행하다고 여기면 길게 느껴진다. 그런데 짝 없이 혼자 사는 사람들은 대개 길다고 느낄 것이다. 짝이 없다는 것은 그만큼 사는 게 재미없고, 고독하고 외롭기 때문이다. 이런 고독과 외로움에서 벗어나는 길은 새로운 사람을 만나 멋진 연애를 하는 것이다. 연애만으로도 얼마든지 고독과 외로움으로부터 벗어날 수 있다. 그러나 그것으로 만족할 수 없다면 사랑하는 사람과 새로운 삶을 꾸려 행복하게 사는 것이다. 우리나라 40, 50대의 이혼율이 세계에서도 세 번째 안에 들 만큼 높다. 그러니까 40, 50대 중엔 남자든 여자든 혼자 사는 사람들이 다른 연령층에 비해 높다. 이것은 무엇을 말하는가. 후반부 인생을 쓸쓸하게 보내고 있다는 것을 의미한다.

사람들은 말한다. 젊었을 땐 몰라도 나이가 들수록 남편이, 아내가 더 필요하고 소중하다고 말이다. 그렇다. 나이가 들수록 배우자가 더욱 필요하다. 늙어간다는 것에 대한 불안함과 죽음보다 고독한 외로움이 크기 때문이다. 그렇다면 문제는 간단하다. 새로운 사람을 만나 멋진 연애를 시작하는 것이다. 그리고 서로가 원하면 부부로서 인연을 맺어 예쁘고 행복하게 살면 된다.

## ‖멋진 연애는 누구나 꿈꾸는 바람이다‖

멋진 사람과 즐기는 멋진 연애는 누구나 꿈꾸는 바람이다. 멋진 사람과의 멋진 연애는 생각만으로도 환상에 젖게 한다. 그러나 자신이 바라는 멋진 사람과 멋진 연애를 한다는 것은 쉽지만은 않다. 물론 사람에 따라 멋진 사람에 대한 개념이 다르므로 자신이 생각하는 멋진 사람을 만나면 된다. 아무튼 멋진 연애는 누구나 희망사항이고, 그래서 더 실행하기가 쉽지 않다.

인식은 요즘처럼 산다는 것에 대해 감사하고 기쁘게 생각한 적이 없었다. 그는 이혼 후 10년째 혼자 지내왔다. 어머니와 형, 누나가 좋은 사람 만나 아무리 새출발을 하라고 해도 그냥 알았다고만 할 뿐 10년을 혼자 지낸 것이다. 그의 어머니는 아들이 혼자 사는 게 딱하고 안쓰러워 밤낮으로 그를 위해 기도한다. 그러나 정작 본인은 태연하다 못해 마치 혼자인 지금을 즐기는 것 같았다. 하지만 그도 사람인지라 너무 외롭고 고독해 혼자서 술을 마시기도 했다.

그러던 어느 날 그에게 새로운 여자가 다가왔다. 그는 그녀를 처음 보는 순간 가슴이 뛰며 못 견디도록 설레었다. 서점에 갔다가 실수를 하는 바람에 그녀가 들고 있던 케이크를 그만 팔뚝으로 치고 말았다. 그 바람에 케이크가 바닥에 떨어져 엉망이 되었다.

"죄송합니다. 제가 결례를 하였습니다. 지금 바로 변상해드리겠습니다."

인식은 자신의 실수를 인정하며 지극히 미안한 표정으로 말했다.

"아닙니다. 간수를 잘못한 제 잘못도 있습니다."

여자는 이렇게 말하며 엷게 미소 지었다. 상대의 실수를 너그럽게 받아줄 줄 아는 그녀의 너그러운 마음과 미모에 그만 푹 빠지고 말았던 것이다. 인식은 같은 케이크와 그녀의 조카에게 줄 선물까지 챙겨주었다. 그것이 인연이 되어 둘은 만나기 시작했고, 지금은 사랑하는 연인으로 발전하였다. 중학교 음악교사인 그녀는 마흔다섯으로 미혼이었다.

인식은 휴일이면 그녀와 만나 기차여행도 가고, 등산도 하였으며, 뮤지컬과 영화를 관람하고, 갤러리를 찾아 그림과 조각을 감상하며 즐거운 시간을 보냈다. 아무리 힘든 일이 있어도 그녀만 생각하면 힘이 났고, 마음이 즐거웠다. 사랑하는 사람과 함께한다는 것이 새삼 감사하고 소중하게 생각되었다. 혼자 보냈던 지난 10년의 세월이 더는 외롭지 않았다. 이제 인식에겐 꿈이 생겼다. 후반부의 인생을 멋지고 행복하게 살아야겠다는 그런 아름답고 행복한 꿈, 그런 꿈이 있기에 그는 더 이상 외롭지 않았다.

## ‖사랑은 나이와 무관한 인생의 행복한 에너지이다‖

"사랑은 나이를 갖지 않는다. 그것은 언제나 자신을 새롭게 만들기 때문이다."

이는 파스칼Pascal이 한 말로 사랑은 나이와 전혀 상관없는 인생의 행복한 에너지이다. 그래서 사랑을 하면 백발이 성성한 노인들도 얼굴에 생기가 돈다. 마치 겨울이 지나고 봄이 오면 지천으로 꽃이 피듯 사랑을 하면 모든 것이 다 새로워 보이고 아름다워 보이는 것이다. 이에 대해 프랑스의 소설가인 플로베르Flaubert는 다음과 같이 말했다.

"사랑은 봄에 피는 꽃과 같다. 온갖 것에 희망을 품게 하고 향기로운 향내를 풍기게 한다. 때문에 사랑은 향기조차 없는 메마른 폐허나 오막살이집일지라도 희망을 품게 하고 향기로운 향기를 풍기게 하는 것이다."

이처럼 참 좋은 사랑을 꾸준히 아름답게 유지하려면 많은 노력이 필요하다. 이에 대해 소설 《좁은 문》의 작가 앙드레 지드Andre Gide는 이렇게 말했다.

"사랑을 하는 자가 갖춰야 할 첫째 조건은 그 마음이 순결해야 한다. 상대방의 인격을 존중하지 않고는 진실한 연애라고 할 수 없다. 그리고 그 마음과 뜻이 흔들림이 없어야 한다. 신의 앞에서도 부끄러움이 없고, 동요함이 없어야 한다. 동시에 대담성이 있어야 한다. 장애물에 굴하지 않는 용기를 지녀야 한다. 이와 같은 조건이 갖추어졌다면 그것은 참된 애정이고 진실한 연애다."

앙드레 지드의 말처럼 아름답고 행복한 사랑은 그냥 이루어지는 것이 아니라 노력에 의해 만들어지는 것이다.

나이가 들어 사랑이 찾아오면 주저하지 말고 기쁜 마음으로 받아들여야 한다. 그것은 남은 인생에 대한 하나님의 고귀한 선물과도 같은 것이기 때문이다. 다음의 시는 나의 〈참 좋은 그대에게〉라는 시이다. 이 시를 음미하면서 사랑의 소중함에 대해 생각해보는 것도 참 좋을 것이다.

참 좋은 그대에게
나의 사랑을 바칩니다.

참 좋은 그대에게
나의 꿈을 바칩니다.

참 좋은 그대에게
나의 열정을 바칩니다.

참 좋은 그대에게
나의 미래를 바칩니다.

참 좋은 그대에게
나의 전부를 바칩니다.

참 좋은 그대여,

그대가 있어

나의 하루하루는

풋풋한 희망으로 가득합니다.

Tip

## 멋진 연애를 위한 좋은 생각

- 연애의 감정은 나이와 무관하다. 따라서 나이가 들어도 사랑의 열정만 있다면 얼마든지 사랑을 할 수 있다. 사랑은 이 세상의 모든 것이다.
- 사람은 사랑을 먹고 사는 존재이다. 사랑이 없다면 이 세상은 캄캄한 절벽과도 같다. 사랑은 인생의 예술이며 삶의 에너지이다.
- 혼자는 외롭고 고독하다. 그래서 인간은 연애를 하고 사랑을 하는 것이다. 한 번도 후회하지 않은 것처럼 사랑하고 사랑해야 한다.

# 사랑하는 가족을 위해 맛있는 밥상 차리기

사랑하는 가족을 위해 남편이자 아버지인 가장이 밥상을 차리는 것도 매우 의미 있는 일일 것이다. 밥이란 인간의 일용할 양식으로서 생명을 이어가게 하는 소중한 먹을거리이다. 이처럼 소중한 먹을거리인 밥상을 가족을 위해 차리는 일은 아주 중요하다. 그런 까닭에 한 공기의 밥, 한 그릇의 국, 김치와 밑반찬은 금쪽같이 귀할 수밖에 없다.

그런데 "내가 어떻게 밥상을 차린단 말인가?" 하고 말한다면 그것은 밥상에 대한 예의가 아니며 가족에 대한 사랑이 아니다.

"사랑하는 내 가족을 위해, 내 손으로 밥상을 차리는 것도 아주 행복한 일이지. 좋아, 오늘 저녁 밥상은 내가 한번 차려보지, 뭐."

이처럼 말할 수 있다면, 그리고 그렇게 실천할 수 있다면 그는 분명 아내를 사랑하고, 자식을 사랑하는 가장일 것이다.

요즘 가장들은 가장 노릇 하기가 참 힘들다고 말한다. 과거 가난한 시절에도 지금처럼 힘들지 않았다는 것이다. 그때의 가장은 비록 가난했을망정 가장 노릇을 못한다고 함부로 무시하거나 냉대하지 않았다. 가장은 어디까지나 가장이라는 게 그때 당시 가족들의 생각이었다. 가장의 권위가 살아 있었기에 가능했다.

그러나 풍요로운 시대인 지금 우리나라 가장들의 현주소는 어떠한가. 가장의 권위는 땅에 떨어져 깡통처럼 구르고, 아내도, 자식들도 남편이자 아버지인 가장을 업신여긴다. 이것이 문제인 것이다. 그렇다면 가난한 남편과 아버지는 어디로 가란 말인가. 이처럼 가장의 비애가 가슴을 울리도록 서글픈 적은 별로 없었다.

가난한 가장도 가장이며, 부유한 가장도 가장이다. 그렇다. 가장은 역시 가장인 것이다. 그렇다면 사랑하는 가족을 위해 가끔은 밥상을 차려보는 것도 괜찮을 것 같다. 그러면 아내와 자식들도 남편이자 아버지인 가장을 좀 더 따뜻하게 대해 주지 않을까, 한다.

삶은 시대의 흐름에 따라 변해왔고, 앞으로도 변해갈 것이다. 시대의 흐름에 뒤처지지 말고 사회에서나, 직장에서나, 가정에서 제각각의 역할을 잘 실행한다면 남편이자 아버지로서 대접을 받으며 행복하게 살아가게 될 것이다.

## ‖사랑하는 가족을 위해 밥상을 차리는 가장되기‖

가족을 위해 헌신하는 가장의 모습은 당당하고 자신감이 넘쳐 보인다. 한 마디의 말에도 자신감이 넘치고, 행동거지에도 막힘이 없다. 그러나 그렇지 못한 가장은 언제나 쪼그라든 모습으로 자신감이 없어 보인다. 한 마디 말에도 행동거지에도 자신감을 볼 수 없다.

가족을 위해 헌신하는 가장은 가족으로부터 외면당하지 않는다. 가족에게 존경받는 가장은 진정으로 행복한 가장이다.

명종은 59세로 중소기업을 경영하는 대표이다. 그는 어린 시절부터 기술을 익혀 오랜 고생 끝에 지금의 회사를 이뤘다. 그가 젊은 시절부터 지금껏 회사에 매달려 온 힘을 쏟아온 관계로 그의 가족은 좋은 집에서 없는 것 없이, 맛있는 음식 마음껏 먹고, 좋은 옷을 입고 주변 사람들의 부러움을 사며 살고 있다. 그런데 가족들은 정작 가장에 대한 고마움을 잘 모른다. 물론 그가 고생하는 것은 알아도 아주 당연시한다. 그래서일까, 명종은 어느 땐 가족의 그런 모습에서 서운함을 느끼곤 하지만, 표현해본 적은 한 번도 없었다. 명종은 명종대로, 그의 아내는 아내대로, 큰아이와 작은아이는 각자 자신들의 일에 매달려 서로가 함께하는 시간이 별로 없다.

그러던 어느 날 그의 생각이 바뀌었다. 그의 지인이 갑자기 죽는 바람에 그의 가족과 마지막 이별의 말도 못한 것에 대해 큰 충격을 받아 지금이라도 회사 일을 줄이더라도 가족과 함께하는 시간을 가져야겠다고 생각한 것이다. 그리고 그는 그 방법의 하나로 가족을 위해 밥상을 차리기로 하였다. 그는 자신의 생각을 실천하기 위해 단골 식당의 주방장에게 부탁하여 시간 나는 대로 요리법을 배웠다. 그가 배운 요리는 해물전골이었다. 가족들이 좋아하기 때문이다. 그는 토요일날 가족들에게 상품권을 주며 쇼핑을 하러 갔다 오라고 했다. 가족들이 나간 사이 차에 있던 재료들을 갖고 들어와 배운 대로 요리를 하기 시작했다. 4시간여 만에 밥하고, 해물전골을 끓이고, 주방장에게 배운 밑반찬도 두 가지 만들었다. 그리고 가족에게 전화를 걸어 저녁은 집에 와서 먹으라고 했다. 그리고 한 시간 후 가족들이 쇼핑을 마치고 돌아왔다.

"오늘 저녁은 내가 했어. 그러니 맛이 없더라도 맛있게 먹었으면 좋겠어."

명종은 식탁을 차리며 말했다.

"당신이 무슨 음식을 했다는 거예요?"

"아빠, 정말 아빠가 저녁 준비를 했어요?"

그의 말에 그의 아내도 딸아이도 믿기지 않는다는 듯 말했다.

"허허, 그렇다니까. 자, 어서들 와서 먹자."

명종은 껄껄 웃으며 말했다.

"어, 해물전골이네? 이거 진짜 아빠가 한 거 맞아요?"

큰딸이 믿기지 않는 듯 말했다.

"그래, 아빠가 한 거 맞아. 맛이 어때?"

그의 말에 가족들은 깜짝 놀랐다. 너무 맛있었기 때문이다.

“와, 정말 맛있다. 아빠, 근데 어떻게 한 거예요?”

작은딸의 말에 그는 그동안 있었던 일을 모두 말했다. 그의 말을 듣고 그의 아내와 큰딸, 작은딸은 놀라움을 감추지 못했다. 그리고 그들의 눈가엔 이슬이 맺혔다. 회사일로 바쁜 와중에도 가족을 위해 애쓴 그가 너무 고마웠던 것이다.

“여보, 고마워요. 당신이 이렇게 애쓸 줄은 몰랐어요.”

“아빠, 정말 고마워요.”

“아빠, 정말 수고 많으셨어요.”

그의 아내와 두 딸은 그의 정성에 감동하여 이렇게 말했다.

“앞으로는 가끔 내가 밥상을 차릴 거야. 그래도 괜찮겠지?”

명종은 기분 좋은 얼굴로 힘차게 말했다.

“그럼, 나야 좋지요. 당신 덕분에 쉴 수도 있고.”

그의 아내는 이렇게 말하며 환하게 웃었다. 그의 두 딸도 엄지손가락을 치켜세우며 환하게 웃었다. 그날 이후 그는 자신의 약속대로 가끔씩 밥상을 차려 가족들이 매우 만족해하며 행복해한다.

## ‖가족의 사랑은 실천하는 데 있다‖

아무리 생각이 좋아도 실천이 따르지 않으면 그건 아니함만도 못하다. 생각하면 생각한 대로 하면 된다. 그런데 생각은 하지만 생각대로 안하는 게 문제다. 가족을 위해 바쁜 가운데서도 가장이 밥상을 차린다면 가족들은 매우 행복해하며 즐거워할 것이다. 또한 가장에 대해 존경심을 갖고 대할 것이다. 노력하는 가장은 언제나 긍정적인 결과를 낳지만, 노력하지 않고 자신만을 생각하는 가장은 부정적인 결과를 가져온다.

한 끼의 밥은 그저 단순한 밥이 아니다. 밥은 생명을 이어가게 하는 소중한 음식으로 종교보다 깊고, 원초적 본능보다도 우선한다. 밥이 없으면 그 누구도 살아남지 못한다. '따뜻한 밥'에게 머리 조아려 감사해야 한다. 그런 만큼 밥은 소중한 생명의 양식이다. 다음은 밥의 소중함에 대해 쓴 나의 〈따뜻한 밥은 위대하다〉라는 시이다.

따뜻한 밥은 종교보다 깊고 엄숙합니다.
밥은 인간의 원초적 본능보다 우선합니다.
한 그릇의 밥을 깔보지 마십시오.
한 그릇의 밥 속엔 과거와 현재와 미래와
온 우주의 숨결이 스며 있고
창조주의 긍휼과 은총이 알알이 맺혀 있습니다.
한 그릇의 밥을 무시하지 마십시오.
밥은 권력을 능가하며 많은 권력자들이
밥 앞에 무참히 쓰러졌습니다.
밥은 삶의 율법입니다.
한 그릇의 밥 앞에 만인은 평등해야 합니다.

이 룰이 깨어졌을 때 세계의 역사는
여지없이 무너져 내렸습니다.
부끄러움 없이 밥을 먹을 수 있다는 것은
정녕, 행복한 일입니다.
때때로 삶이 낯설게 느껴진다는 건
삶이 떳떳지 못할 때입니다.
한 그릇의 밥 앞에 부끄러움이 없어야 합니다.
밥 앞에 떳떳한 목숨으로
일어설 수 있을 때가 가장 성공한 인생입니다.
따뜻한 밥을 먹어야 합니다.
감사한 마음으로 미소를 지으며
먹을 수 있는 은총에 감사해야 합니다.
따뜻한 밥은 종교며 본능이며 미래입니다.
따뜻한 밥은 위대합니다.
따뜻한 밥 앞에
한껏 머리를 숙여 경배하고 묵상해야 합니다.

이처럼 소중한 밥, 그리고 그 밥상을 가장인 남편이자 아버지가 가족들을 위해 차린다면 감동하지 않을 가족은 없을 것이다.

따뜻한 밥은 위대하고 거룩하다. 밥 앞에 모두가 감사하고, 겸허하게 행동해야 한다. 그것이 생명을 이어주는 밥에 대한 인간의 예의이다.

Tip

## 따뜻한 밥상을 차리는 좋은 생각

- 가장이 무게 잡고 눈에 힘주던 시대는 진작 끝났다. 지금은 따뜻하고 자상한 가장이 인정받는 시대이다. 가끔 가족을 위해 정성껏 한 끼의 밥상을 차려보라.
- 밥은 단순한 밥이 아니라 생명을 이어주는 위대한 양식이다. 밥상을 차릴 땐 사랑하는 가족을 위해 정성을 다해야 한다.
- 간단한 요리를 배워두면 가족을 위해 요긴하게 쓸 수 있다. 요리는 삶이고 생명의 철학이다.